한국의
불행한
대통령들

한국의 불행한 대통령들

초판 1쇄 인쇄 2020년 10월 20일
초판 1쇄 발행 2020년 10월 30일

지은이 라종일 조병제 이구 허태회 황인수 정태용
펴낸이 정해종
편　집 정명효
디자인 유혜현

펴낸곳 ㈜파람북
출판등록 2018년 4월 30일 제2018－000126호
주소 서울특별시 마포구 양화로 12길 8-9, 2층
전자우편 info@parambook.co.kr **인스타그램** @param.book
페이스북 www.facebook.com/parambook/ **네이버 포스트** m.post.naver.com/parambook
대표전화 (편집) 02－2038－2633 (마케팅) 070－4353－0561

ISBN 979-11-90052-43-6 03300
책값은 뒤표지에 있습니다.

이 도서의 국립중앙도서관 출판시도서목록(CIP)은 서지정보유통지원시스템 홈페이지(http://seoji.nl.go.kr)와
국가자료공동목록시스템(http://www.nl.go.kr/kolisnet)에서 이용하실 수 있습니다.(CIP 제어번호: CIP2020043830)

한국의
불행한
대통령들

라종일 조병제 이구 허태회 황인수 정태용 지음

파람북

이 책에 관하여

이 책의 주제, '한국의 불행한 대통령'은 오랫동안 제가 마음속에 품고 있던 문제입니다. 저는 이 문제가 한국의 정치적인 발전과 민주화 과정 초창기에서 일시적으로 일어날 수 있는 비정상적인 현상이며, 민주화와 함께 자연스럽게 해소되리라 여겼습니다. 실제로 우리는 힘겨운 과정을 통해 어느 정도 수준에 도달한 자유민주주의 정치를 이루어냈습니다. 불행한 대통령의 문제는 우리가 자랑스러워하는 자유민주주의 정치의 틀 안에서 곧 자연스럽게 해결되리라 생각했습니다. 그러나 이런 기대는 실현되지 못했습니다. 민주화 이후에도 대통령들은 임기 말이 되면, 혹은 퇴임 이후에 계속 불행했습니다. 경우에 따라서 그저 불행이라는 표현보다 참혹하다는 표현이 더 적절할지 모르겠습니다.

이런 현상은 파란만장한 건국 과정을 거쳐 초대 대통령이 된 분으로부터 시작해서 현재까지 한국 정치의 특징으로 자리를 잡은 것 같습니다. 보통 국가 건설 과정에서 가장 큰 역할을 한 분이 그 나라의 초대 대통령이 되고, 이분이 이른바 '건국의 아버지'로 대를 이어 추앙을 받는 것이 일반적입니다. 우리나라의 경우는 그렇지가 않았고, 이런 대통령의 불행은 지금까지도 계속되고 있습니다.

대한민국은 국제 사회의 일반적인 평가나 우리 스스로 보기에도 정치, 경제, 사회 등 거의 모든 영역에서 실패했다고 보기 어려운 나라입니다. 이것은 물론 상대적인 평가입니다. 한국의 현실에 대하여 국내외에서 비판이 없는 것은 아닙니다. 아마도 우리 자신이 가장 신랄한 비판자일 수도 있습니다. 그러나 한국이 제2차 세계대전 이후 독립한 신생 국가들 중 상당한 수준으로 성공한 나라라는 사실은 분명합니다. 그런데 그 성공을 이끌어온 공로가 있는 역대 대통령들은 왜 한결같이 불행해야만 했을까요?

이 역설은 바로 한반도의 북쪽에 자리 잡고 있는 북한의 현실을 생각해볼 때 더욱 심각하게 부각됩니다. 세계의 일반적인 평가에 따르면, 북한은 국민들의 정치적인 자유나 복지는 물론 인권, 생활수준 등 거의 모든 면에서 최악의 상황입니다. 대규모 아사를 경험한 일도 있고, 지금도 수많은 국민들이 국가를 탈출하고 있는 형편입니다. 한때 북한을 긍정적으로 평가했던 진보 진영 인사들도 이점에 있어서는 대체로 의견을 같이합니다. 오늘날 국내외에서 북한을 긍정적으로 보는 사람들은 찾기 힘듭니다. 그런데도 북한의 역대 지도자들은 평생 안정된 집권을 누리며 신격화된 추앙을 받다가, 사후에는 자기 자손들에게 고스란히 절대 권력을 물려줄 수 있습니다. 그뿐만 아니라 마치 고대의 황제들처럼 불멸의 미라로 만들어져서 사후에도 국민적인 추앙을 받습니다. 같은 민족인 데다 같은 시기에 나라를 세운 두 나라의 현실이 어떻게 이처럼 다를 수 있습니까?

대통령은 대한민국 같은 민주공화국의 최고 책임자일 뿐 아니라, 개인적 차원에서도 정치인이 다다를 수 있는 가장 높은 자리입니다. 대통령은 공개 경선이라는 험난한 과정을 통해 국민의 선택을 받아 국정의 최고 책임자가 됩니다. 물론 이 경선에 참여하는 과정 역시 쉽지 않습니다. 그런데 이러한 역경을 헤치고 자신의 탁월함을 온 국민에게 증명하여 한 나라의 최고 책임자 자리에 오른 분들의 끝은 왜 계속 불행하기만 할까요.

미국 대선에 민주당 후보로 나선 바이든은 "자신이 대통령이 된 후 트럼프 대통령이 기소가 되어 법정에 서는 것을 생각해본 일이 있는가"라는 질문에, 전직 대통령을 기소하는 것은 "매우 매우(very very) 특별한(unusual) 일이며 민주주의에 그렇게 좋은 일도 아니다"라고 답했습니다. 정말로 새 정부가 전 정부의 책임자들을 사법 처리한다면 정말로 '매우 매우' 특별한 경우이며, 민주 정치의 파탄까지 우려되는 일로 보일 것입니다. 정파 간의 '복수극(vendetta)'으로 보일 공산 역시 큽니다(「뉴욕 타임스」, 2020년 8월 17일 미셸 골드버그 칼럼 참조). 실제로 그런 일은 전제 정치나 봉건 시대에서나 볼 수 있는 현상입니다.

사석에서 간혹 이 문제를 거론해보곤 했습니다. 그러다가 마침 코로나19 상황에서 이 주제를 몇 분과 함께 진지하게 다루어볼 생각을 했습니다. 그저 환담의 주제로는 문제가 너무 심각하다고 생각했기 때문입니다. 주변의 몇 분들을 설득해서 이 책의 주제와 관련된 문제들을 함께 고민해보자고 제안했습니다.

대통령이 맡은 직무는 우리 생활과 관련되지 않는 부분이 거의 없을 정도로 광범위합니다. 적어도 지난 한 세대에 걸쳐 우리는 나라를 5년 동안 이끌어나갈 최고 책임자를 우리의 손으로 직접 선택해왔습니다. 우리는 이러한 민주화의 성과를 자랑스럽게 생각합니다. 새로운 대통령이 탄생할 때마다 국민들은 새로운 시대가 열리리라는 큰 기대를 걸고, 대통령 개인의 인기도 가히 하늘을 찌릅니다. 그런데 어느 순간부터 지도자의 의욕은 시들고, 기획과 정책은 빛을 잃고 맙니다. 국민의 시선은 어느새 다음 대권으로 향합니다.

외국인들과 대화할 때 저는 언제나 우리의 민주 정치를 자랑으로 삼았습니다. 점령군에게 헌법을 얻은 어떤 다른 나라와는 달리, 우리는 자유민주주의 공화 헌법을 우리 손으로 직접 만들었습니다. 한때

영원할 것 같던 권위주의 정치 역시 스스로 극복하고 민주 정치를 실행해왔습니다. 그런데 무엇이, 또 어디서부터 잘못되기 시작한 것인지 알 수 없습니다. 5년간 어려운 임기를 마치고 공수신퇴 천지도야(功遂身退 天地道也, 공을 세우면 물러나는 것이 하늘의 도)의 경지를 누려야 할 분들이 하나같이 불행에 처하는 것은 본인들 못지않은 우리 모두의 고민이 되어야 하지 않겠습니까? 김대중 대통령 시절 남한의 '타락상'을 묘사한 북한 소설 『아, 조국(2004)』에 남한을 "전직 대통령을 감옥에 넣기 좋아하는 나라"라는 구절이 나옵니다.

이렇게 오랫동안 생각해오던 문제를 책으로 남기게 되었습니다. 이 책을 기획하고 가까이 있는 몇 분들을 작업에 끌어들이면서 두 가지 기본적인 전제를 달았습니다. 첫째로 이 책은 전문가들만을 위한 것이 아니라는 점입니다. 이 저술에 참여한 분들은 모두 기본적으로 자신의 전공 분야에서 사회과학자로서 소양을 갖춘 분들입니다. 학자이면서, 행정이나 정치에 참여한 경력도 가지고 있습니다. 지식과 경험의 깊이로 인해 혹여 전문 학술 용어가 난무하는 전공 분야 종사자를 위한 글로 흐를 수 있기에, 이 점만은 무엇보다 명백히 하고자 했습니다. 구태여 홉스봄을 인용할 필요도 없습니다. 사회과학자일지라도 때때로 모두가 쉽게 이해할 수 있는 책을 써야 하는 경우가 있습니다. 저는 참여한 분들에게 이 책이 바로 그런 경우라고 강조했습니다.

둘째로는 본인의 정치적 소신이나 특정 정당과의 관계를 잊고, 그저 평범한 일반 국민의 입장에서 글을 써주기를 부탁했습니다. 그렇게 각자 특별히 관심이 있는 주제, 분야를 선택해 원고를 작성했습니다. 코로나 19가 기승을 부리는 기간이라 우리는 주말에 화상 회의를 통해 집필의 진행을 의논했습니다.

어려운 경쟁을 통해서 국민의 선택을 받아 국정의 운영에 진력한 대통령들이 임기가 끝나가는 때에도, 그리고 임기 이후에도 국민들의 존경을 받으면서 행복하게 여생을 보내는 날이 오기를 기대합니다. 이 작은 책이 이런 바람이 이루어지는 길에 작은 보탬이 되기 바랍니다.

작은 일이지만 많은 분들의 도움이 없었으면 이 작업이 세상에 나올 수 없었을 것입니다. 무엇보다도 흔쾌히 출판을 맡아주신 정해종 대표님에게 감사드립니다. 자신의 일도 어려운 터에 여러모로 애를 쓴 김현진 작가님도 수고 많으셨습니다. 끝으로 작업 공간을 포함해 많은 도움을 준 가천대학교와 이길여 총장님에게도 이 기회에 깊은 감사를 표합니다.

2020년 10월 가천대학교 연구실에서
라종일

차례

■ 일러두기

1. 이 책의 맞춤법은 국립국어원의 표준국어대사전과 외래어 표기법을 따랐습니다.
2. 본문 가독성을 위해 각 장의 주석은 장별 일련번호를 부여하여 책 뒷부분에 배치했습니다.
3. 각 장의 참고 문헌은 주석과 마찬가지로 책 마지막에 장별로 배치했습니다.

유감과 동정

라종일

행복한 가정은 모두 비슷한 이유로 행복하지만 불행한 가정은 저마다의 이유로 불행하다.

_ 레프 톨스토이, 『안나 카레리나』 중에서

이 글의 주제는 제가 개인적으로 오랫동안 가지고 있던 문제입니다. 저는 이 문제가 민주화와 함께 저절로 없어지리라 생각했는데 현실은 그렇지 못했습니다. 우리나라의 역대 대통령들은 특히 그 임기 말 혹은 은퇴 이후에 대부분 불행했습니다. 우리는 대통령직을 흔히 '대권(大權)'이라 부릅니다. 대통령이 되려는 후보들을 '대권'을 지향한다고도 합니다. 이런 관행에 관하여 별다른 비판이나 이의가 없는 것 같습니다. 우리가 생각해보려는 대통령제의 문제가 이 명칭과도 관련이 있는 게 아닌가 생각합니다. 3권 분립을 기본으로 하는 헌정 체제에서, 더구나 불과 5년 단임의 대통령직을 '대권'이라고 부르는 게 온당한 일인가? 아니라면 왜 이런 표현이 생겨났고, 아직도 통용되고 있는 것인가? 혹시 이런 표현이 역대 대통령들의 행적과 그분들의 불행한 말로와 관련이 있는 것은 아닌지 생각해봅니다.

아직 결말이 난 일은 아닙니다만, 대권은 어떤 유력한 대권 후보자의 성폭행 사건에도 등장합니다. 사실이라면 대권은 성폭행의 구실도 됩니다. 피해자 진술에 따르면 성폭행 후 본인이 변명 삼아 하는 말이 이랬다고 합니다. "대통령 가는 길이 버겁다." 그분의 측근들은 그를 '주군'이라고 부르고, 주군을 위하여서는 목숨도 내놓아야 한다고 합니다.[1]

전직 대통령들을 뒤돌아보고 평가하는 데 있어서 가장 중요한 것은 그분들이 수행한 정책과 성과를 살펴보는 것입니다. 이 부분에 관해서는 이미 많은 평가가 있습니다. 그리고 그분들의 회고록을 보면 자신들이 추진한 정책에 관해 대체로 만족하거나 긍정적인 평가를 합니다. 아니면 적어도 이해를 구하는 식의 기술을 합니다. 적어도 그분들은 자신이 수행했던 정책들 때문에 불행했던 건 아닌 듯합니다. 그분들이 불행했던 원인은 따로 있습니다. 이 글에서는 역대 대통령들의 '성공과 실패'를 논하려고 하지 않습니다. 그것은 매우 어려운 작업이고, 어쩌면 불가능한 것인지도 모릅니다. 우리들의 인생과 마찬가지로 사실은 관점의 차이, 정도의 차이로 귀결되는 문제가 아닌가 생각합니다. 행·불행도 상대적이라는 의미에서 마찬가지라고 생각할 수 있습니다. 그러나 이것은 개인적인 차원의 문제이기에 성공과 실패보다는 훨씬 가늠하기 쉬운 문제로 볼 수 있습니다. 전직 대통령이 적어도 크게 불행하게 되지 않는 것은, 어찌 보면 우리나라 정치 발전의 한 척도가 되지 않을까 생각합니다.

저는 이 글에서 우리나라의 현대 정치사에서 매우 중요한 역할을 한 김영삼, 김대중, 노무현 세 분의 경우만을 주로 다루었습니다. 세 분은 아직 개발도상국 상황에서 지배적이었던 권위주의 정치에서 민주적인 정치로 이행하는 과정에 중요한 역할을 한 분들이기 때문입니다. 그렇기에 국민들뿐만 아니라 해외에서도 특별한 관심과 기대를 가지고 바라보았고, 이분들 역시 불행했다는 것은 보다 더 특별한 관심의 대상이라 생각합니다. 다른 대통령들이 권좌 말미에, 혹은 은퇴한 후에 닥친 불행은 어느 정도 예견할 수 있는 것이었기에 제 글에서는 다루지 않았습니다. 그리고 이명박, 박근혜 두 분 대통령의 불행에 대해서는 이미 사법 처리의 대상이 되었기 때문에 역시 대상에서 제외했습니다.

일별 ^{一瞥}

대한민국은 처음 시작부터 어려운 환경에서 탄생하고 곧이어 엄청난 시련을 겪었습니다. 돌이켜 생각하면 대한민국이 이만큼 정치와 경제 그리고 사회와 문화 영역에 커다란 발전을 이룩해 세계에서 일정한 위상과 역할을 확보하게 된 것은 차치하고도, 생존을 했다는 것 자체부터 거의 기적같이 느껴집니다.[2] 지난 70여 년간 역사를 되돌아보면 국내외 할 것 없이 대한민국의 이런 발전을 예상한 사람은 별로 없었을 것입니다. 분단 상황에서 많은 반발을 무릅쓰고 출범한 '민주공화국'에 대하여 내외에서 많은 비판과 반대가 있었습니다. 국내에서는 지식인들의 비판과 일반 민중 차원의 불만과 함께 민란과 무장 투쟁까지 빈번했습니다. 북한은 무력을 포함하여 여러 가지 방법으로 대한민국을 불안정하게 했습니다. 전문가들을 포함해 국내외의 많은 인사들 사이에서 대한민국에 관해서, 특히 이승만 대통령과 그가 이끄는 정부에 관하여 비판이나 비관적인 의견이 우세했습니다. 후일 공개된 영국의 공식 문서에 따르면 외무성 지역 전문가들의 의견도 모두 남한의 장래에 관하여 비관적이었습니다. "한국에서 민주주의를 기대하는 것은 쓰레기통에서 장미꽃이 피기를 바라는 것과 같다." 1950년대 우리가 자조적인 이야깃거리로 삼던 '쓰레기통과 장미'를 기억할 것입니다. 동시에 이런 이야기는 현재의 이른바 밀레니얼 세대나 Z세대들에게는 아무런 의미도 없고 따라서 이해할 수 없는 이야기일 것입니다.

태평양 전쟁의 종전과 함께 국토가 분단되고, 한반도에는 두 국가, 두 체제, 두 정부의 대립이 이어졌습니다. 자연히 이 체제는 상호간에 모순과 갈등의 관계였습니다. 이즈음, 그리고 훨씬 후에도 사회주의자나 혹은 자유주의적인 지식인 사이에서도 남한의 현실과 앞날에 관하여 긍정적인 전망을 가진 사람들은 드물었을 것입니다. 많은 사람들이 더 큰 희망과 기대를 갖고 북한을 바라보지 않았을까 합니다. 많은 지식인들이 실제 월북을 한 것도 우리 모두 잘 아는 사실입니다. 그런데 어느 때부터 이것이 바뀌기 시작했습니다. 북한에 대한 기대는 점차로 환멸과 비판으로 바뀌었습니다.

반대로 대한민국은 불만도 많고 비판을 할지언정 적어도 희망과 기대를 갖고 살 수 있는 나라가 되었습니다. 한때 큰 희망을 갖고 바라보던 북한, 조선민주주의인민공화국이 마치 "옆으로 누운 깔대기"[3]처

　　　　　　　　　　　한국의 불행한 대통령들

럼 창대한 기대의 시작에서 퇴행적인 퇴보의 노정을 걷는 것과 반대로, 대한민국의 현대사는 유시민 씨같이 대한민국의 현실에 비판적인 입장에 서 있는 분들도 "자부심을 느껴도 좋은 역사"라고 이야기합니다.[4] 2019년 영국 주간지 「이코노미스트」의 연례 민주주의 평가에서 한국은 세계 167개국 중에서 23위에 위치합니다. 이것은 24위의 일본이나 25위의 미국과 비교해봐도 우리 모두 자부심을 느껴도 좋을 만한 일입니다.

그렇다고 대한민국의 여정이 모두 영광스럽고 훌륭했던 것만은 아닙니다. 사람에 따라서는 대한민국의 현대사를 모두 긍정적인 것으로 보는 분들도 있고, 반대로 모든 것이 처음부터 끝까지 잘못된 것으로 보는 분도 있습니다. 그러나 진실은 대부분의 경우 양극단의 중간 어느 지점에 있는 것 아니겠습니까? 대한민국 역사에는 부정적인 것과 긍정적인 것이 뒤섞여 있을 것입니다. 단지 세계대전 이후 식민지에서 독립을 하게 된 이른바 신생 독립국들 가운데, 대한민국은 확실한 성공 사례로 보는 것이 정론입니다. 이런 이야기는 이미 대부분 국민들이 상식으로 생각하는 것입니다. 그래서 '대권'에 관한 논의의 시작에서 이런 상식의 문제가 왜 언급되는지 의아할 분들도 있을지 모릅니다. 뒤에 자세히 언급하겠지만, 이 상식적인 역사관은 성공적인 대통령 그리고 행복한 대통령에게 매우 중요한 관건이 됩니다.

대한민국이 이룩한 큰 성취 중 제가 특히 높이 평가하는 것은 권력의 평화적 이양에 관한 것입니다. 이것은 흔히 생각하는 것보다 훨씬 어려운 일입니다. 강대국을 포함해 많은 나라들이 이 문제를 아직 안정적으로 제도화하는 데 실패하고 있습니다. 저는 북한의 실패는 경제적인 분야보다 우선 정치적인 면에 있다고 여깁니다. 이 실패는 나라의 여러 영역에 비정상적이고 왜곡된 결과를 만듭니다. 북한은 권력 이양의 안정적인 제도화에 실패한 대표적인 나라입니다. 이 실패의 결과가 3대에 걸쳐 한 집안이 '민주주의인민공화국'의 최고 권력을 세습해야 하는 희비극으로 이어집니다.[5]

　이제까지 일반인들에게 별로 알려지지도 않은 20대 후반 젊은이가 그야말로 갑자기 '절대 권력'을 물려받습니다. 그리고 이런 억지를 역시 이론적으로 정당화하고 국민 모두에게 설득시켜야 하는 무리를 해야 합니다. 그보다 더 중요한 것은 이 권력 이양의 실패가 정치뿐만 아니라 사회 전반, 특히 민생 문제에 있어 절실한 경제 분야 개혁의 실패로 이어진다고 생각합니다. 혈육인 선대의 업적을 모두 정당화하고, 이를 무조건 숭상해야 하기 때문입니다. 그리고 현대 세계에서 보기 힘든, '유일적 령도 체제 확립의 10대 원칙' 같은 것을 전 국민이 암송해야 하는 일도 있습니다. 반면 우리는 새로운 정부가 들어설 때마다 이전 정부를 비판하고 부정하는 것이 일반적인 관행이 된 것이 아닌가 하는 생각입니다.[6] 저는 이런 현상에 관하여 북한의 정치 문화가 '만족의 문화'인 반면에, 남한의 정치 문화는 '불만의 문화'라고 부르

　　　　　　　　한국의 불행한 대통령들

고, 그 전반적인 영향에 관하여 언급한 일이 있습니다[7]

　근대화란 어떤 면에서 보면 전쟁이나 정치의 영역, 남녀 관계나 스포츠 등 우리 인간사의 여러 분야에서 모두가 인정하고 적용되는 정교한 규칙들이 마련되는 과정이라고 할 수 있습니다. 이제까지 없었던 규칙이, 그것도 모든 사람들이 인정하고 참여하는 규칙이 만들어지고 적용되는 과정입니다. 서양 속담에 '전쟁과 연애에는 규칙이 없다'라는 말이 있다고 합니다. 그러나 인간사에 규칙이 없었던 것은 이것 이외에도 많습니다. 권력을 장악하는 것에도 그것을 규제할 특별한 규칙이 없었습니다. 물론 완전히 없었던 것은 아니지만, 이 규칙을 적당히 이용하면서도 권모술수나 무력 혹은 폭력을 수단으로 권력을 장악할 수 있었습니다. 더구나 중요한 것은 이러한 권력의 승계나 이양이 많은 사람들의 참여 없이 소수의 사람들 사이에서 이루어졌다는 사실입니다. 이른바 궁정 정치적인 현실입니다. 폭군의 등장이란 우선 많은 사람들이 인정하는 규칙을 어기면서 권력을 장악하는 것에서 시작됩니다. 권력 투쟁의 패자를 포함해 모두가 인정하는 방식으로 '대권'이 성립하는 것은 우리나라에서 1980년대 말에서 시작하여 10여 년에 걸쳐서 천천히 완성되었습니다.

　이제는 적어도 우리나라에서 아무리 불만이 많더라도 국민이 참여하는 선거를 통해서 집권한 새 대통령의 적법성에 관해서는 이의가 없습니다. 말하자면 우리 대통령들은 '폭군'이 아닙니다. 그런데 모든 국민이 인정하는 절차에 따라서 집권한 대통령들의 말로는 어떨까요? 이 점에 있어서는 군사력으로 혹은 다른 변칙적 방법으로 집권한 진짜 '폭군'이나, 아니면 적법한 절차에 의해서 국민의 뜻에 따라 집권한 대통령이나 모두 마찬가지로 그 말로는 불행했을 뿐만 아니라 국민이 보기에도 민망하기까지 한 일이었습니다. 왜 그랬을까요?[8] 한번 생각해보아야 하는 중요한 문제 아닙니까?

동북아시아의 한 모퉁이에 있는 작은 나라, 한반도의 많은 역설 중 하나입니다. 국내외에서 인정하는 커다란 성공을 거둔 남한의 경우, 최고의 권력을 책임진 역대 대통령들의 만년이 모두 불우하거나 사람들에게 매도당합니다. 그와는 반대로 주민들이 대규모 기근까지 포함해 물질적으로는 물론이고 정신적인 박탈까지 경험하고 있는 북한에서는 역대 최고 권력자들이 극진한 존경과 숭배의 대상으로 추앙받습니다. 그뿐만이 아닙니다. 통치자들은 수십 년 동안 아무런 도전도 없이 종신토록 '유일' 집권을 누립니다. 그리고 이것이 마침내 끝난 사후에도 미라로 만들어져 고대 신정 시대 통치자들처럼 숭배의 대상이 됩니다. 앞으로 또 얼마나 많은 미라가 나올지 모릅니다. 우리가 당연한 일처럼 받아들이고 사는 현실의 역설들을 한번 뒤돌아볼 만하지 않습니까?[9]

이견 二見

저는 2001년부터 영국에서 대사로 일했습니다. 다음해 16대 대통령 선거가 끝나고 노무현 후보가 당선된 직후 대통령직 인수위원회에서 귀국하라는 연락이 왔습니다. 저를 포함해서 대사관 직원들도 이미 예상한 듯 놀라기보다 오히려 당연한 일로 축하해주는 분위기였습니다. 실은 대선 기간 중에도 노무현 후보가 귀국해서 선거를 도와주면 좋겠다는 말씀이 있었지만, 대사로 부임한 직후 본국 선거 때문에 자리를 버리고 가는 것이 옳지 않은 것 같아 사양하고 다른 분들을 추천한 일도 있었습니다. 저는 우선 인수위 측 인사의 전언만으로 귀국할 수는 없고 외교부의 지시가 있어야 한다고 전했습니다. 바로 다음날 최성홍 외교부장관 명의의 지시가 왔습니다. 갑작스럽게 자리를 비우고 떠나는 것도 조금 민망해서 친하게 지내던 몇 분과 급히 자리를 마련했습니다. 상황을 설명하고 아마도 본국에서 새로 선출된 대통령과 함께 일할 것 같다는 말을 했습니다. 그런데 그중 한 분이 걱정스러운 표정으로 저를 만류하는 것이었습니다.

조금 의외의 반응이었습니다. 그러나 그분의 지적은 상당한 충격이었습니다. 그분은 자신이 한국 사정을 잘 모른다는 말로 시작했습니다. 그러나 자기가 알기로는 한국의 대통령들은 대개 그 끝이 좋지가 않고, 거의 예외 없이 비극적이기까지 하는 것이 아닌가 한다, 그런데 라 대사와 같은 '착한(gentle)' 사람이 그런 데 휘말리기보다 여기서 대사직을 계속 수행하다가 기회가 되면 학교에서 일하면 어떻겠는가 하는 말이었습니다.

솔직하게 큰 충격이었습니다. 아마도 가장 큰 충격은 그런 사실 자체는 저 자신 역시 잘 알고 있었으면서도 그것을 특히 심각한 문제로 생각하지 않았다는 것이었습니다. 또 그런 사실을 자신의 처신과 관련해서 생각한 일도 없었다는 사실이었습니다. 그뿐만 아니라 새로운 정부의 탄생에 대해 앞날에 대한 깊은 생각 없이 그저 큰 기대와 희망에만 부풀어 있었다는 사실이 놀라웠습니다. 한국이 지난 반세기에 걸쳐 이룩한 온갖 업적과 경제 발전, 특히 민주화에 관한 자부심을 일거에 무색하게 만드는 '선의의 친절한 지적'이었기 때문입니다. 적어도 15대 김대중 후보가 대통령에 당선된 때부터 평화적으로 여에서 야로 정권의 교체가 이루어지는 성취도 있지 않았습니까?

가장 큰 충격은 우리 모두가 더 할 수 없는 영광과 사명으로 생각하

한국의 불행한 대통령들

는 '대권'이 우방국 지식인의 눈에 그렇게 비친다니! 무엇보다 가장 마음에 걸리는 것은 이런 기본적인 사실을 저 역시 다 잘 알고 있었다는 점이었습니다.[10] 이런 사실을 잘 알고 있으면서도, 대통령 되실 분의 부름을 받는 것은 영광스러운 일이 아니라 다시 생각해보아야 하는 일일 수 있다는 그분의 지적은 충격으로 닥쳐왔습니다. 그 엄청난 영광에 싸인 '대권' 부근에 가지 말라니! 내가 조금 당황한 모습을 보였는지 좌중이 잠깐 어색한 분위기에 휩싸였습니다. 실제로 당황했습니다. 그러나 대사가 되어서 그런 모습으로 모임을 끝낼 수는 없었습니다.

저는 곧 평정을 회복하고 웃으면서 장난기 있게 이야기를 풀어갔습니다. "맞다! 우리의 첫 번째 대통령은 망명을 간 후 돌아가셨다. 두 번째는 측근에게 살해당하셨다. 세 번째 네 번째 대통령들은 모두 감옥에 갔다. 다섯 번째와 여섯 번째 대통령의 경우는 자신들은 감옥에 가지 않았지만 자손들이 감옥에 갔다. 자 살펴보자! 분명히 상황은 조금씩이라도 좋아지고 있지 않은가. 처음 자유롭고 공개적인 민주 정치를 해보는 나라로서는 이 정도는 긍정적인 발전이 아닌가! 어떻게 보면 대통령이나 대통령의 아들도 감옥에 갇힌다는 사실 자체가 한국의 민주주의에 긍정적인 증거가 될 수도 있다. 이번에 새롭게 선출된 대통령은 단연코 자손들도 감옥에 가지 않을 것이다."

좌중은 모두 저의 '열변'에 모두 동감했고 웃음과 공감으로 저의 '웅

변'을 응원해주었습니다. 귀국 후 청와대에서 일하면서 사석에서 이 일화를 저의 무용담 삼아 다른 분들에게 이야기한 일도 있었습니다. 모두 유쾌한 기분으로, 이런 문제는 이제는 지나간 일화처럼 이야기를 나누었습니다. 그러나 이런 이야기를 유쾌한 후일담으로 삼기에는 다음에 일어난 일들이 충격이었습니다. 저는 노무현 대통령만은 이전의 어떤 대통령들과도 다르리라 생각했습니다.

노무현 대통령 자신도 자손들의 처신에 관하여 여러모로 주의 깊은 조치를 취했던 것으로 압니다. 당시 영국 대사관에 근무하던 따님도 직장을 그만두었습니다. 아드님도 외국으로 갔고 거처나 일터도 알려지지 않았습니다. 그런데 뜻밖에 생각하지도 않은 곳에서 문제가 터지기 시작했습니다. 자손들은 문제가 없었는데 대신에 형님 노건평 씨가 감옥에 들락거리는 것이었습니다. 그러나 저는 이것도 일종의 '개선'이라고 생각했고, 그래도 자손들이 법적인 문제에 연루되는 것보다는 조금 나은 것이 아닌가 하는 생각을 억지로라도 해보았습니다.

단지 그다음에 일어난 일은 마음에 앙금처럼 유감으로 남았습니다. 대통령께서 비리에 연루된 자신의 형님을 순진한 사회적인 약자와 같이 치부하면서, 이 사건의 다른 당사자는 특권층의 일부이며 부패의 진정한 악역으로 비난한 발언이었습니다. 그 직후 당사자가 한강에서 투신해서 자살을 했습니다. 여론도 나빴고 이 사건이 이후 의회의 탄

한국의 불행한 대통령들

핵 결의에도 영향을 미친 것으로 알고 있습니다. 저 개인적으로도 무엇인가 잘못되어 간다는 생각이 들었습니다. 영국에서의 일화가 실은 간단하게 웃고 넘어갈 수 있는 문제가 아니고, 정치나 대통령 개개인의 문제만이 아니라 우리 사회 전반에 무엇인가 큰 문제가, 사람들과 정치 권력의 관계에 뿌리 깊은 문제가 도사리고 있는 것이 아닌가 하는 두려움이 마음속 깊이 자리 잡기 시작했습니다. 김대중 대통령의 선거 실패 후 정계 은퇴 소식을 듣고 그분을 찾아뵌 이후, 백면서생으로 정치판에 뛰어든 이래 겪은 여러 가지 일들을 새삼 이리저리 생각도 해보았습니다.

　그리고 정작 커다란 충격은 그다음에 찾아왔습니다. 다음 선거에서 야당 후보가 엄청난 표차로 '대권'을 잡고는 바로 전임자의 비리 수사에 들어가면서 비극이 시작되었습니다. 이 사건의 전말이 매체에 보도되는 것을 읽는 것도 괴로운 일이었지만, 저는 끝까지 적어도 노무현 대통령 본인만은 그렇게 나쁜 일에 연루되었을 리가 없었다고 믿었고, 모든 언론에서 노무현 대통령을 비난하는 요란한 기사들을 대서특필할 때도 읽지도 않고 넘겨버렸습니다. 그러나 마침내 또 하나의 비극이 일어났습니다. 노무현 대통령이 투신자살로 생을 마감했습니다. 그 소식을 들었을 때의 충격과 참담한 심경은 무어라고 형언할 수조차 없었습니다. 혼자 조용히 조문을 다녀왔을 뿐, 장례식에 초대받고도 차마 갈 수조차 없었습니다.

그런데 이것으로도 '대권'에 얽힌 민망한 이야기는 끝난 것이 아닙니다. 이 비극은 혹은 희극입니까? 여하간 생각하기에도 민망한 이야기는 계속 이어집니다. 뒤를 이은 두 대통령도 현재 영어의 몸입니다. 카를 마르크스가 이런 이야기를 했다고 합니다. "역사는 되풀이된다. 한번은 비극으로. 그리고 다음에는 희극으로." 그러나 한국에 대해서 냉소적인 외국인이라면 이런 이야기를 그럴듯하다고 생각할 수 있겠지만, 반세기 넘게 그야말로 피땀 어린 우리들의 업적에 관해서 조금이라도 긍지를 느끼는 사람들이라면, 이런 현실은 그런 식으로 치부하고 지나갈 수 없는 일입니다.

이런 지경에 이른 현실을 보면 이것은 어느 특정인의 '사고'나 '일화' 혹은 '이변'이 아닌 우리가 자랑하는 한국식 민주 정치의 어떤 구조적 특성으로 보아야 하지 않겠습니까? 벌써 우리 사회의 지도적인 인사들 중에도 이번 대통령 역시 마찬가지 운명일 거라는, 듣기에도 끔찍한 이야기를 마치 흥밋거리마냥 입에 담는 분들도 있습니다.

흔히 제왕적 지도자란 국가적인 위기나 무력 혁명 같은 사태 이후에 등장합니다.[11] 우리나라의 경우에는 민주적인 절차에 의해서 선출된 대통령도 종종 제왕적 위상을 보이는 것은 다시 생각해볼 필요가 있지 않겠습니까? 가끔 차기에 대통령이 되려고 하는 분들을 만나는 기회에 이런 이야기를 합니다만, 어느 정도로 영향이 있는지는 잘 모르겠습니다. 민주화 이후에는 제왕적인 대통령도 의회에서 견제가 되

　　　　　　　　　　　　　한국의 불행한 대통령들

므로 이제 더 이상 제왕적인 대통령은 없다는 주장도 있습니다만, 현실은 그렇지 않은 것 같습니다.[12]

　대권과 관련된 어려움은 이 권력의 주인공이나 그 주변 인물들에게만 국한된 것은 아닙니다. 대체로 우리들은 새로운 정부의 출범에 큰 기대를 걸었다가, 곧 이것이 실망과 환멸로 바뀝니다. 비판적인 목소리라기보다 극단적인 비난이 많습니다. 혹은 욕설이라고 표현하는 편이 나을지 모르겠습니다. 오죽하면 "대통령 욕하는 게 국민 스포츠"라는 말도 있다고 합니다.[13] 이것은 대권 현상의 또 다른 면이 아닌가 생각합니다.

삼고 三考

우리나라에서 정치에 뜻이 있는 분들 중에 훌륭한 자질과 높은 뜻을 구비한 분들이 궁극적으로 지향하는 것이 바로 이 대권일 터인데, 수많은 경쟁자들을 물리치고 마침내 이 자리에 올라 평소의 경륜을 편후 그 뒤가 거의 예외 없이 불행하다면, 그 배경이나 원인을 한번 생각해볼 만하지 않겠습니까. 더구나 짧은 시일 안에 경제 발전과 민주화를 함께 이루었다는 한국의 신화 이면에 이런 이야기들이 숨겨져 있다면 무엇인가 심각한 반성과 함께 원인의 규명이나 이를 방지할 처방 같은 것도 생각해보아야 하지 않겠습니까? 아마도 저의 조잡한 서장 격인 이 글에 뒤이어 그런 문제를 전문적으로 다루는 분들이 날카로운 분석에 이어 좋은 해답과 함께 불행한 일이 앞으로는 일어나지 않도록 처방도 내놓으실 것입니다. 여기에서 저는 몇 가지 개인적으로 생각하는 바를 두서없이 이야기해보겠습니다.

한국의 불행한 대통령들

첫째는 앞에서 자주 나온 단어 '대권'의 문제입니다. 우리가 이런 어휘를 별 생각 없이 쓰는 이면에는 대통령들의 불행한 말로에 대한 어떤 시사점이 담겨 있지 않나 싶습니다. 말하자면 정치와 경제는 물론 시민 사회가 엄청나게 발전하고 확장되어 있는 오늘날에도 우리의 잠재의식 어느 한편에는 대통령을 왕조 시대의 군왕으로 연상하는 게 아닌가 하는 점입니다.

그러나 현실은 매우 다릅니다. 자유민주주의 헌정 질서에서 대통령은 그 권한이 엄격하게 제한되어 있습니다. 입법, 사법, 행정의 3권 분립과 5년 단임의 시한이 바로 그것입니다. 대통력직 취임 이후 제반 문제들을 파악하고 정책을 펴나가면서 예상하지 않았던 문제들에 대처하다 보면 5년의 시간은 어느새 지나가고, 5년이 채 지나지 않아 이른바 '레임 덕'이라고 불리는 임기 말 권력 약화의 어려움에 처하게 됩니다.

언젠가 저는 외국 기자에게 "한국의 10년 전은 중세와 같다"고 이야기한 일이 있습니다. 그만큼 한국 사회의 발전과 변화가 빠르다는 뜻이었습니다. 우리 사회는 권위주의 정권 시절들과 완전히 다르다고 할 만큼 질적, 양적으로 팽창했습니다. 그만큼 정권을 통하여 할 수 있는 일이 제약되어 있다고 할 수 있습니다. 그뿐이 아닙니다. 그 사이에 우리나라는 국제적인 위상과 역할이 크게 확장되었고, 경제와 사회, 문화 모두 예전에 비해 훨씬 복잡하게 다양화되어 어느 문제 하나라도 쉽게 처리할 수 없게 되었습니다. 그런데도 대통령과 그 주변에 서는 어렵고 복잡한 문제들을 쉽게 생각하고 마음먹은 대로 뜯어고칠 수 있다고 생각하는 것은 아닌가 합니다.

이미 1980년대에 전두환 대통령의 보좌관을 지낸 이종률 박사는 이런 문제를 "청와대는 높고 세상은 넓다"라는 짤막한 제목으로 기술한 바 있습니다.[14] 대통령으로 당선된 본인도, 그리고 그 주변이 모두 이 '대권'을 휘둘러 세상을 새로 만들 수 있다고 생각하는 것이 아닌가 합니다. 그러나 그와 반대로 한때 청와대에서 근무하다가 문공부차관으로 부임한 최창윤 박사가 이런 말을 했다고 합니다. "청와대를 나와 보니 세상이 넓은 줄을 알겠다."[15]

김대중 대통령이 1992년 대선에서 실패한 후 정계 은퇴를 선언하고 영국 케임브리지에 잠시 계실 때 이야기입니다. 그때 자주 저를 찾아서 여러 가지 일들을 물어보신 일이 있었습니다. 주로 후일 '햇볕정책'이라고 부르던 남북 관계와 궁극적인 통일에 관한 문제들이었습니다. 어느 날인가 조찬을 함께한 후 조금 한가한 시간에 저는 불쑥 만약 차기에 대통령이 되신다면 새로운 마음으로 나라를 새롭게 한다는 생각으로 정부를 운영해야 한다는 말을 했습니다. 이때 제가 '제2의 건국'이라는 말을 썼습니다. 그 당시에는 본인이 다시 정계에 복귀한다는 말 자체가 주변에서 일종의 금기어였습니다. 혹시 그런 이야기가 나오면 본인이 그럴 일은 없다고 엄하게 금지시켰습니다. 그런데도

　　　　　　　　　　　　　　　한국의 불행한 대통령들

제가 차기 정부와 '제2의 건국'이라는 말을 불쑥 꺼낸 것에 대해서는 별 부정적인 반응이 없이 "좋은 이야기"라고 반기며 얼른 그 유명한 수첩을 꺼내어 메모했습니다. 저도 별생각 없이 지나쳤습니다. 단지 제가 한 이야기의 뜻은 대한민국 건국 이래 초대 이승만 대통령과 박정희 대통령 그리고 그 뒤에 이어지는 전통처럼 된 일련의 예들, 즉 반공과 권위주의와 국가 기관을 정권 유지의 수단으로 활용하는 일 등을 지양해야 한다는 뜻이었습니다. 그 당시 제가 권위주의 정치의 특징 중 하나로, 정치학 용어를 빌리자면 '산출(output) 기능을 위한 구조(structure)들을 투입(input) 기능에 활용한다는 것'을 학생들이나 주변에 자주 이야기했기 때문에 자연스럽게 나온 말이었습니다.

그런데 후일 대통령에 당선이 된 후 '제2 건국위원회'라는 것을 전국적인 규모로 조직하는 것을 보고 놀랐습니다. 물론 여러 경로를 통하여 불가함을 피력했습니다. 저의 그런 '간언'은 현실적으로 나라를 다시 세우는 의미나 영향이 있을 일은 아니었기 때문입니다. 더구나 제가 피해야 한다는 뜻으로 말씀드린 일, 즉 국가 기관이 이런 일에 동원된다는 말을 듣고 놀랐습니다. 모두 잘 아시다시피 김대중 대통령은 개혁적인 의지와 함께 현실적인 안목을 갖춘 분입니다. 그럼에도 불구하고 한때나마 나라를 새롭게 다시 세워보겠다는 생각을 했던 것 같습니다.

세상은 물론 많이 변합니다. 우리는 긴 안목으로 이런 변화들을 보면서 역사를 여러 시대로 구분하고 그 시대별 특징들로 나누어 생각합니다. 그러나 다시 생각해보면 이런 것은 우리가 생각의 편의를 위해서 인위적으로 구분을 하는 것뿐이지 역사란 '솔기 없이(seamless)' 계속 진행되는 것 아니겠습니까? 물론 역사에는 혁명적인 상황처럼 특별한 계기들이 있고, 이런 경우에는 그야말로 새로운 세상이 태동하는 것처럼 보일 수도 있습니다. 그러나 한동안 시간이 지난 후 다시 생각해보면, 혁명 이후의 세상에는 변하는 것만큼이나 변하지 않는 것들도 많이 있습니다. "더 많이 변화할수록 같은 일의 되풀이일 뿐이다."[16] 프랑스 혁명기에 나온 이야기로 알고 있습니다. 더구나 한국은 1789년의 프랑스나 1917년의 러시아 혹은 1940년대 중국 같은 혁명적인 상황이 아니지 않습니까?

정작 제 개인적인 차원에서 보기에 대통령의 어려운 점은 대통령 본인이나 정책의 영역에서보다 '대권'의 분위기를 만들어가는 주변에도 있는 게 아닌가 생각해봅니다. 주변이란 측근을 포함한 대통령 부근에 가깝게 있는 분들도 있지만, 넓게는 사회 일반에서 현실보다 더 대통령의 특별한 지위와 특권을 강조해서 느끼도록 하는 분들을 포함해서 하는 말입니다. 저는 오래전에 「제왕적 정치 – 한국 대통령 특권의 정치」[17]라는 논문을 쓴 일이 있습니다. 이 논문에서 저는 대통령이 법이 정한 것 이상의 특권을 누린다는 오해의 소지가 일부 측근들과 일반인에 의해 만들어진다는 식의 이야기를 했습니다. 그리고 이

한국의 불행한 대통령들

런 오해와 이에 따른 남용이, 많은 경우 대통령이 아닌 주변 측근들의 이해관계 때문이라고 분석했습니다.

우선 저는 이 글에서 대통령의 권한과 영향력이 대통령 자신이 사용하는 경우보다 주변의 인물들에 의해 행사될 수 있다는 점을 언급했습니다. 저는 대통령 부근의 인물들을 네 가지 유형으로 분류했는데, 이들이 모두 대통령의 특권이나 영향력, 혹은 자신들이 영향력이 있다는 세인들의 평이나 추정을 자신들의 이해관계를 위해 활용할 수 있다고 이야기했습니다. 대통령 측근 인물들의 4가지 유형은 다음과 같습니다.

첫째로 제왕적 대통령의 측근에는 '황태자(Crown Prince)'[18]가 있습니다. 이 사람이 실제로 대통령의 자손일 수도 있고 아닐 수도 있습니다. 어쨌건 이 사람은 대통령에 버금가는 2인자로서, 대통령을 대신하여 큰 권한을 행사할 수 있습니다. 권력 체제 내에서 이 사람의 위치나 권한이 실제로 그런가 아닌가는 또 다른 문제입니다. 그렇다는 평판만으로도 큰 영향력을 행사할 수 있습니다. 그다음에는 '실세 측근들(Acolytes, or Cohorts)'이 있는데, 이들도 대통령의 현실적인 혹은 상상된 권한을 행사하거나 행사한다는 평판만으로도 큰 영향력을 발휘합니다. 이분들은 대통령과 이념적 전망을 공유하거나 정치적인 이해관계가 얽혀 있는 사람들입니다. 그다음으로 '가신 측근들(Retainers)'이 있는데, 이들은 공적이나 정치적이라기보다 사적으로 대통령과 오랜 인간적인 관계, 혹은 그렇다는 소문을 기반으로 하고 있으며 역시 큰 영향력이 있습니다. 끝으로 '궁정 광대(Palace Fool, or Court Clown)'가 있습니다. "어떤 궁정에도 광대는 있다"라는 속담처럼 특별한 역할이 없는 것 같아도 영향력과 이해관계가 첨예하게 갈등을 일으키고 대립을 빚는 권력의 중심부에서 인화의 모색 혹은 어색한 상황의 수습 등 나름 중요할 수 있는 일정한 역할을 합니다. 이런 사람들은 특히 궁정 밖의 영향력에서 한몫을 합니다. 이것은 물론 개념적인 분류이고, 현실에서는 이들이 겹치거나 없을 수도 있을 것입니다.

문제는 이들이 대통령 개인이나 대통령이 추구하는 정책을 위해서 이런 영향력을 활용하는 것만은 아니라는 점입니다. 이들은 대통령의 그늘에서 실은 자신의 이해관계를 위해서 활동하는 경우가 흔히 있습니다. 조금 다른 경우이지만, 실제 경험을 통하여 권력 내부의 상황에 정통했던 정치인 정두언은 대선 캠프 내의 현실에 관하여 이런 관찰을 남겼습니다.

하루 일과가 100이라면 그중 일은 20~30 하고 나머지 70~80은 자기 자리를 철벽 수비하는 데 썼다.[19]

이것은 물론 청와대가 아닌 선거 캠프의 이야기이고, 그렇다 하더라도 설마 그렇게까지 심한 상황일까 싶습니다. 그러나 많은 대통령의 불행 이면에는 대통령 자신보다 측근들의 잘못이 있지 않을까 생각합니다. 그리고 이런 잘못들은 대통령의 국정 수행을 위한 노력과는 관계가 없는 일들에서 비롯됩니다. 실제로 정두언은 집권 이후에도 국가적으로 중요한 인사나 정책이 국익의 관점에서라기보다 측근들 사이의 이해관계나 영향력을 위한 각축의 결과로 결정된다고 증언합니다.[20] 특히 대통령의 측근 중에 '황태자'급 영향력이나 명성을 누리는 사람이 대통령의 뜻이라면서 하는 말은 어느 누가 그 진위를 확인하는 것도 불가능합니다.[21] 그리고 이런 상황을 빚어내는 원인 중 하나는 우리 모두에게 대통령직에 관한 과장된 이미지가 있기 때문이 아닌가 생각합니다. 이런 과장된 이미지는 대통령에게 실제로 법에 의해 위임된 권한보다 더 큰 영향력을 갖는 것 같은 착각을 일으키게 만듭니다.

이 네 부류의 측근 외에도 '친척'들이 있습니다. 이들이 '측근'이 되는 경우도 있지만 그렇지 않은 경우에도 한국적인 특수성이라고 할까, 대통령에게 쉽게 접근할 수 있는 기회를 자신들의 현실적인 영향력으로 사용할 수 있습니다. 정두언은 대선 과정에서 인척들이 흔히 비자금의 통로가 되는데, 그 때문에 대통령은 이들을 더욱 가볍게 대하지 못한다는 언급을 합니다.[22] 그리고 이들은 대통령에게 실제보다 더 큰 인기나 영향력이 있다는 잘못된 인식을 고취할 수도 있습니다. 대통령의 영광은 가문의 영광이고, 따라서 자신들의 영광이기도 합니다. 물론 그 이면에서 자신들의 이익에 유리하게끔 행동합니다. 일설에 의하면 나폴레옹도 가까운 친척들이 황제가 되도록 유혹했다고 합니다. 물론 나폴레옹이나 프랑스를 위해서가 아니라 자신들의 이해관계를 위한 것이었습니다. 나폴레옹이 황제가 되면 자신들도 황족이 되기 때문입니다. 이런 일로 나폴레옹이 입을 손상은 이들에게 전혀 중요한 문제가 아니었을 것입니다.[23]

인척들이 비리에 연루되는 경우, 대통령들의 행태는 대체로 이들에게 엄격하게 대하기보다 이들을 이해하면서 이해를 구하거나 혹은 적극적으로 변호를 하곤 합니다. 앞에서 자기 형님의 비리 문제가 언론에 노출되었을 때, 노무현 대통령이 형님을 감싸면서 다른 당사자를 비난하는 것 같은 모습을 보였다는 언급을 했습니다. 김영삼, 김대중 두 대통령도 특히 직계 자손들이 사법 처리의 대상이 되었을 때, 마찬가지로 이들을 이해하고 변론하는 입장을 택했습니다. 김영삼, 김대중 대통령 모두 아들들이 사법 처리의 대상이 되었을 때 개인적으로는 대통령으로서 다른 어떤 일보다 타격이 더 컸다는 솔직한 심경을 토로했습니다. 김영삼 대통령은, "집무를 하면서도 일이 손에 잡히지 않았다. 온갖 번민과 회한으로 밤에도 잠을 이루지 못했다"고 고백하고 있습니다.[24]

김대중 대통령도 마찬가지입니다. 측근과 청와대 비서 출신들의 권력형 비리들이 터져 나와 "정신을 못 차릴 정도"였습니다. 갈라진 목소리로 "죄송하다, 미안하다"라는 말을 여섯 차례나 했다고 합니다.[25] 그러나 측근이나 비서들의 문제는 자신의 육친 특히 자손들이 연루되는 것과는 차원이 다릅니다. 아들들이 비리로 구속되었을 때 자신의 정신적 상황을 대통령은 이렇게 기술합니다. "아침 신문 보기가 겁이 났다.", "나는 발밑이 꺼지는 듯했다. 하루에도 몇 번씩 천 길 낭떠러지로 떨어졌다.", "마냥 혼자 있고 싶었다.", "청와대 뜰에는 정적만 고였다."[26] 그렇지만 두 분 모두 자손들에 대해서 엄격하기보다 이해와 동정, 그리고 억울하다는 심경이었음을 알 수 있습니다. 김영삼 대통령은 이 문제를 "야당의 지나친 정치 공세" 탓으로 돌리면서, 아들이 실은 잘못이 없는데도 국민 여론을 생각해서 "아무리 조사해봐도 구속시킬 만한 혐의를 찾을 수 없다"는 검찰에게 억지로 지시해서 구속하도록 했다고 회고합니다.[27]

김대중 대통령도 마찬가지입니다. "그래도 나는 아들의 결백을 믿었다.", "내가 아는 홍걸은 얼마나 착한 아이였는가?", "아들의 억울함은 나중에야 알았다. 당시 정권 교체를 확신했던 검찰은 '지는 권력'을 향해 비수를 겨누었다."[28] 후일 김홍업 의원이 무안 신안 지역 보궐 선거에서 당선되었을 때, 김대중 대통령은 매우 기뻐했습니다. "당당하게 명예 회복을 했다. 그렇게 기쁠 수가 없었다.", "자식들이 다 착하고 영민하다."[29] 말하자면 두 분 모두 이런 문제의 원인을 자손들의 잘못보다 정치적인 것에서 찾았습니다. 오랜 기간 김대중 대통령과 가까웠던 문희상 의원도 대통령의 아들 3형제에 관한 비리 사실들이 언론에 터져 나오기 전에 이미 공공연히 소문으로 떠돌고 있다는 사실을 알고 있었습니다. 그리하여 측근들이 대통령께 직언한 일도 있었지만, 대통령은 이런 말에 귀를 기울이지 않았다고 기억합니다.[30]

노무현 대통령도 육친에게는 매우 특이했습니다. 재직 중 형님 때문에 고통을 당했는데도 본인의 기억에는 형님에 대한 원망 같은 것은 전혀 없고 오히려 그 반대였습니다. 큰 형님은 "어린 시절의 표상"이었고 "아주 오랫동안" 영향을 많이 받았으며 "집안의 자랑"이었던 분으로만 기억하고 있었습니다.[31] 형님이 노무현 대통령 인생의 '멘토'이기도 하면서 개인적인 애착 역시 깊었던 경우가 아니었나 싶습니다. 그러한 글이 담긴 책을 읽으면서 앞서 언급한 형님이 연루된 비리사건에 대한 노무현 대통령의 반응이 이해가 갔습니다. 가까운 친인척 또는 가족들에 대해 이처럼 각별한 정이 있을 때, 이들이 어려움에 처했을 경우 할 수 있는 한 감싸주려는 마음은 특히 한국인에게 아주자연스러운 일입니다. 문제는 이런 정서가 '대권'과 결부되어 있을 때정치에, 그리고 나라에 미칠 수 있는 영향을 숙고해보아야 한다는 것입니다.

여기에서 말씀드리고 싶은 것은 대통령의 인척이나 자식이 연루된사건들의 법적인 문제가 아닙니다. 우리의 관심은 '대권'을 행사하는대통령의 인척이, 특히 그것이 직계 자손인 경우 정치적으로도 중요

한국의 불행한 대통령들

하다는 사실이며, 사실이건 아니건 이들이 관련된 비리 사건들 때문에 국정 운영에도 상당한 차질이 있을 수 있다는 사실입니다. 김영삼 대통령도 아들이 비리에 연관되어 사법 수사의 대상이 되기 전에 이미 측근들의 비리 때문에 어려운 처지에서 대국민 사과문을 발표했습니다.[32] 이것은 '문민정부의 도덕성'을 집권 초부터 강조하고 부패에 연관된 공무원과 중견 정치인들을 척결했으며 금융실명제 등 개혁적인 조치를 추진한 김영삼 대통령으로서는 매우 고통스러운 일이었을 것입니다. 그러나 이런 혐의가 친척이나 직계 가족에게 미치는 경우에는 그 타격이 다른 경우와 비교할 수 없을 정도로 큰 것 같습니다.

그리고 이런 현상이 우리에게만 국한된 것은 아니겠지만 그 정도가 다른 나라의 예보다 훨씬 더 심하다는 점을 반드시 지적하고 싶습니다. 그냥 웃고 지나가기에는 조금 마음에 걸리는 일화가 있습니다. 정권의 중요한 인물들 사이에 '대권'의 가족들은 서로 보호하자는 교섭도 있었다는 이야기입니다. 노무현 대통령의 형이 이명박 대통령의 측근에게 "대통령 패밀리까지는 서로 건드리지 않도록 하자. 우리 쪽 패밀리에는 박연차도 포함시켜 달라"는 제안을 했다고 합니다.[33]

김대중 대통령은 임기 이후 불행했던 일이 더 있었습니다. 자손들 이외에도 자기 최측근 인물들이 거의 모두 구속되어 옥고를 치렀습니다. 동교동계의 핵심 인물인 권노갑은 물론, 민주당 대표 한화갑, 비서실장 한광옥, 야당 시절 비서관 출신 배기선, 청와대 2인자로까지 불리던 박지원, 민정 비서관 박주선, 경제 수석 비서관 이기호, 햇볕정책 전도사로 불리던 임동원과 국정원장 신건, 광주 시장 박광태까지. 신건과 임동원은 국정원의 불법 감청 비리 때문에, 나머지는 모두 금전적인 비리가 문제였습니다. 박광태 광주 시장은 현직 중 기소되었는데 무죄 판결을 받았습니다. 그런 경우 담당 검사에게는 큰 타격인 셈인데도 그 후 영전이 되었다고 들었습니다. 김대중 대통령은 자서전에 자기 측근들이 잇달아 구속되는 것에 대한 불만과 불편한 심경을 썼습니다.[34] 그리고 노무현 대통령 측이 민주당을 나가서 신당을 추진하는 것에도 불만과 비판을 토로하였습니다.

> 노무현 대통령은 민주당을 깨고 열린우리당을 만들었지만 지방 선거, 보궐 선거, 그리고 대통령 선거까지 완패했다.[35]

김대중 대통령은 박주선 비서관에게 싫어하는 사람을 억지로 청와대에 불러들여 결국 이런 고생을 시키게 해서 미안하다고 위로의 말을 전했다고 합니다.[36] 자신의 측근이 줄줄이 검거되고 사회적으로 지탄을 받는 것에 큰 좌절과 무력감을 느꼈으리라 상상이 됩니다. 노무현 정부 기간 중 두 번 구속되고 두 번 다 무죄가 된 박주선은 이것이 "김대중과 호남 세력 청산 과정에서" 걸림돌이 되는 자신을 청산하려는 "박주선 죽이기"였다고 말합니다. 후일 그는 봉하마을로 낙향한 노

한국의 불행한 대통령들

무현 대통령을 민주당 최고 위원으로서 방문하는 자리에서 작심하고 이 일을 언급합니다. 자신이 수사 대상이 되었을 때 대검 중수부장이 자기의 변호인에게 불구속 기소하겠다는 뜻을 통보했지만 바로 3일 후 그를 구속했는데 이것은 청와대 지시 없이는 불가능한 일이었다고 항변합니다. 자신이 12년 구형을 받고도 무죄가 되었다면 이런 검찰의 무능에 어떤 조치라도 있어야 했는데도 이들은 모두 "승진과 영전"을 거듭했다고 지적합니다.

결론적으로 그는 이런 일의 "배후에 노무현 대통령이 있었다는 인상을 지울 수 없다"고 직설적인 항의를 합니다. 노무현 대통령은 좌중의 침묵을 깨고 이렇게 말합니다. "미안합니다. 제가 박주선 의원님과 민주당을 구별해서 취급하지 못했습니다."[37] 박주선은 이것을 노무현 대통령이 검찰에 대한 청와대의 정치적 개입을 시인한 것으로 받아들였다고 이야기합니다.[38] 이런 일들의 진정한 내막이나 관련된 주역들의 동기를 정확히 알 수는 없지만 혹시 같은 당, 같은 노선과 이념을 지향하는 '대권'들 사이에서도 과거를 지우고 새로 시작하려는 생각이 있었던 것은 아니었나 하는 의심을 하는 분들도 있습니다.[39]

김대중 대통령이 가장 심혈을 기울였던 햇볕정책의 진척도 임기 말, 그리고 특히 퇴임 이후 그렇게 좋지 않았습니다. 우선 노무현 정부 초기부터 대북 송금 문제가 특검으로 사법 처리의 대상이 되었습니다. 김대중 대통령이 노무현 대통령에게 직접 그것을 하지 말아달라는 희망을 전했는데도 소용이 없었습니다. 그뿐만 아니라 민주당 지도부도 이 문제에 침묵을 지켰습니다. "특히 한화갑 대표의 방관적 자세는 매우 실망스러웠다."[40] 또 다른 불행도 있었습니다. 김대중 대통령이 믿었던 김정일 위원장의 남한 답방은 끝내 이루어지지 않았습니다. 정상 사이의 언약을 쉽게 버리고 속된 말로 오리발 같은 핑계를 댄 것이었습니다. 자신은 국방위원장일 뿐 국가를 대표하지 않는다, 부시 정부 이래 사정이 바뀌었다, 남한 보수 세력의 반대 시위가 부담스럽다, 등등입니다. 혹은 러시아의 이르쿠츠크에서 만날 수 있다는 식이었습니다. 김 대통령은 이것을 약속 위반이라고 거절했습니다.[41]

　그것보다 더 그분의 마음을 상하게 했던 일은 김대중 대통령의 임기 말 마지막으로 대규모 특별 사절단을 북한에 보냈는데, 김정일 위원장이 사절단을 만나주지도 않았던 것이었습니다. 그리고 흔히 하는 식으로 장성택이 큰 연회를 베풀고 술잔치를 벌여 남측 대표들이 만취할 정도로 대접하고는 돌려보냈습니다. 이 보고를 듣고 김대중 대통령으로서는 드물게 크게 실망하고 화도 냈습니다. "나는 크게 실망했다. 임기 말 나를 대신해서 찾아간 특사를 만나주지도 않은 것에 화가 났다." 임동원은 "그래도 북측이 성대한 연회를 베풀어주었다"고 했습니다.[42] 은퇴 이후에도 김대중 대통령은 "2005년 2월 김정일 위원장이 초청한다면 북한에 가서 주로 북핵을 둘러싼 현안을 중재할 의사가 있다"고 했는데, 그해 8월 8·15 민족 대축전에 참가 중인 북측 대표단이 김정일 위원장의 명의로 초청 의사를 전달했습니다. 김대중 대통령 측은 '현안 중재'를 위한 많은 준비도 하고 여로도 열차편을 선호하는 등 많은 희망을 갖고 있었지만, 결국 북측은 정식 초청장을 보내지 않았습니다.[43] 이 초청에 관하여 양측의 생각이 근본적으로 차이가 있었던 것이 문제였습니다. 김대중 대통령 측이 현안 중재 같은 중요한 정치적 문제를 염두에 두고 있었던 반면, 북측은 그저 의례적인 휴가 여행 정도를 생각한 것이 명백했습니다. 김대중 대통령으로서는 매우 실망이 컸으리라 예상할 수 있습니다. 이런 일에 한 가지 사족을 달자면 김대중 대통령의 임기 말 햇볕정책의 부진은 부시 대통령의 책임만은 아니지 않았는가 싶습니다. 정상회담 이듬해에 나온 북한 소설 『만남(2001)』에서는 김대중 대통령이 애초에 불순한 동기로 북한을 찾아왔는데 김정일 위원장의 당당한 대응에 기가 질려 '굴복'을 하고 돌아간 것으로 묘사하고 있습니다. 심지어 김대중 대통령의 신체적인 어려움도 김정일 위원장의 늠름한 모습에 대비됩니다. 김대중 대통령의 불행은 예고된 것이 아니었나 하는 생각도 합니다.[44] 그럼에도 불구하고 김대중 대통령에게는 특별한 면이 있었습니다. 수많은 실망과 좌절, 그리고 불행한 일에도 불구하고 그는 자서전의 말미에 "생각할수록 인생은 아름답고, 역사는 앞으로 진보한다"라고 서술했습니다.[45]

김대중, 노무현 두 대통령은 공통적으로 특이한 점이 있었습니다.

그것은 두 분이 현직에서 물러난 이후에도 여전히 '살아 있는 권력'으로 인식이 되었다는 점입니다. 두 분은 모두 이런 문제를 예견했던 것 같습니다. 그래서 그것을 미리 애써서 부인했습니다. 김대중 대통령은 퇴임과 함께 '동교동계 해체'[46]를 선언하고 '평범한 시민'으로 돌아가겠다고 했습니다. 노무현 대통령의 봉하 마을로의 은퇴 역시 마찬가지입니다. 그러나 이것은 어쩌면 다음 정권 담당자 측에 더 많은 고민을 하게 만들 수도 있었습니다. 두 분의 퇴임 후 불행은 어쩌면 이런 사실과도 연관이 되어 있지 않을까 생각합니다.

앞에서 인척들의 문제와 연관되는 정치 자금, 그리고 특히 '대권'을 잡기 위해 대선을 치르는 데 들어가는 엄청난 비용의 문제에 언급했습니다. 노무현 대통령은 이 문제에 관하여 예민하게 느꼈고 공적으로나 사석에서 정치 자금의 어려움에 관해 언급하면서, 자신은 어떻게든 해서 여기까지 왔지만 후배들은 이런 어려움에서 자유롭도록 해 주어야 한다는 말을 했습니다. 한번은 이런 일이 있었습니다. 나라종금과 장수천이 검찰의 수사를 받고 있을 때였습니다. 당시 안희정은 민주당 '국가경영전략 연구소' 부소장이었지만 누구나 다 그를 대통령의 오른팔 측근으로 알고 있었습니다. 당연히 이 사건이 언론이 주목하는 취재 활동 대상이었습니다. 노무현 대통령은 어느 날 아침 수석 보좌관 회의 중, 갑자기 본인 자신이 그 사업에 관련되어 있었고 "안희정 씨는 심부름을 했던 것"이라고 털어놓았습니다. 모두 깜짝 놀랐습니다. 본인이 그 말썽 많은 사건에 직접 당사자라는 고백만큼이나, 공식 회의 중 여러 사람 앞에서 그런 말을 한 것 역시 놀라운 일이었습니다. 회의가 끝나고 대통령이 퇴장한 후, 당시 민정 비서관이던 문재인 현 대통령이 "지금 대통령께서 하신 말씀은 밖에서 공개하지 말아 달라"는 부탁을 했습니다. 그런 경계의 말이 없었더라도 이런 말을 외부에 입에 담을 일은 없었겠지요. 결국은 노무현 대통령 자신이 이런 사실을 기자회견에서 밝혔습니다.[47]

이런 일화는 노무현 대통령이 정치 자금의 문제를 얼마나 심각하게 인식하고 있었는지 알려준다고 생각합니다. 실제로 그의 재임 중 많은 진전이 이루어진 것도 사실입니다. 그럼에도 불구하고 정치 자금 문제는 아직도 우리 정치, 특히 '대권'과 관련하여 매우 심각한 문제로 남아 있습니다. 핵심은 대선 비용의 공식적인 부분은 당 차원에서 공적으로 해결이 되지만, 그 이외에도 더 많은 비공식 자금이 필요하다는 것이며, 이 부분이 그대로 보이지 않게 대통령의 부담으로 남는다는 점입니다. 문희상 국회의장은 자신의 저서에서 이 문제에 관하여 실제 경험을 쌓은 분으로 상세하게 기술하고 있습니다. 김영삼 대통령은 대선 기간 공식 선거 비용으로 284억 원을 신고했지만, 노태우 대통령은 자신의 회고록에서 김영삼 후보의 선거 자금으로 3,000억 원을 지원했노라고 밝혔습니다. 대선 자금의 실제 규모는 "국민들의 상식으로는 도저히 용납이 안 될 만도 하다."[48] 실제 현장을 경험한 분의 논평입니다. 정두언 의원도 같은 증언을 합니다.

경선을 거쳐 대선을 준비하다 보면 그 과정에서 법정 선거 비용 이상의 돈이
들어간다. 전두환, 노태우 때는 조 단위였고, YS, DJ 때는 수천억 원 단위였
다가 노무현, MB 때는 천억 단위 아래로 내려왔다. 액수의 규모가 줄긴 했
으나 사회의 정치 자금 흐름 규모가 작아졌기 때문에 상대적으로 보면 줄었
다고만 할 수는 없다.[49]

그리고 이어서 중요한 결론을 이야기합니다. "또 법정 선거 비용 이
상의 돈은 불법적인 자금이니 위험할 수밖에 없다."[50] 이 문제의 해결
없이는 대통령뿐만 아니라 한국 정치의 근본적인 문제가 그대로 남을
수밖에 없지 않겠습니까? 오래전 영국 수상이던 해럴드 윌슨의 자서
전에서 이런 이야기를 읽은 일이 있습니다. 본인이 수상에 출마하려
고 하던 때에 미국의 친구가 거액의 수표를 보내주었다고 합니다. 그
런데 본인은 선거 운동 중 개인이 쓴 돈이라고는 공중전화를 한 번 하
려고 쓴 6펜스밖에 없었다는 것입니다. 이런 이야기는 아직도 우리에
게는 문희상의 말대로 '꿈'에 불과한 일입니까? 국민들의 상상을 초월
하는 거액의 선거 자금이 조달되고 쓰이는 것도, 그리고 이 과정에서
후일에 난처한 일들이 생기는 것도 '대권'을 둘러싼 영광과 그에 대한
집착의 부수적인 현상이 아닌가 생각합니다.

우리의 헌법에 의하면 총리는 내각을 조직하고 이것을 대통령에게 보고하여 승인을 받는 것으로 되어 있습니다. 하지만 현실에서는 그렇지 않은 것이 거의 상식으로 통용되고 있습니다. 조각은 주로 청와대에서 이루어지고 총리는 특별한 경우를 제외하고는 별 영향력이 없습니다. 장관뿐만 아니라 행정부 차관급이나 심지어는 국장급에 이르기까지 청와대의 영향력이 결정적인 것으로 알려져 있습니다. 특히 행정부의 조금 낮은 직책에 대한 인사에 있어서는 이것이 모두 대통령 자신의 뜻이라기보다 주변 영향력 있는 사람들의 입김이라는 생각이 우리 사회에 널리 퍼져 있습니다. 말하자면 주변인들의 이해관계 문제입니다.

그러나 이런 조치로 대통령이 입을 피해는 문제가 되지 않습니다. 총리는 실제로 별 영향이 없고 의례적으로 국회에서 행정부의 입장을 설명하고 질의에 응답하는 정도의 역할밖에는 없는 경우가 많은 것으로 알려져 있습니다. 총리뿐만 아니라 각 부처 장관들도 부처 내의 중요한 인사가 청와대에서 이루어지는 경우가 많기 때문에 자신이 통솔하는 부처를 장악하고 관리하기에 어려운 면이 많다는 증언도 있습니다.[51] 이런 일을 현장에서 직접 경험한 전직 관리는 행정부의 각 부처는 장관 책임이 아니라 청와대 권력의 '하위 파트너'라 표현합니다. 그래서 청와대의 5급 공무원이 참모총장을 불러서 장성 인사 절차를 직접 보고받고, 흔히 청와대 비서관이나 행정관이 부처 실무진인 과장에게 직접 정책에 대한 지시를 하기도 한다고 합니다. 이런 경우 부처 실무진은 이런 지시가 청와대의 누구 뜻인지도 모르는 채 이를 자기 부처의 상급자 지시보다 우선순위에 두고 일을 한다고 합니다. 심지어 어떤 경우 경제 부총리도 '패싱'이 된 경우가 있다고 합니다.[52]

앞서 우리는 한국이 자랑하는 현대사의 업적들이 실은 영욕이 섞여 있는 역사이리라는 점에 유의했습니다. 이것은 물론 우리나라뿐만 아니라 정도의 차이가 있을지언정 세계 모든 나라에게 적용되는 현상 아니겠습니까? 쉽게 말하자면 정해진 임기 동안 한시적인 권한을 위임받은 대통령이 해야 하는 일은 과거의 업적을 이어받아 좋은 점을 더욱 발전시키고, 다른 한편 잘못된 점을 시정하는 것이 원칙이어야 합니다. 말하자면 '변혁과 혁명적인(transformative, revolutionary) 전망'보다는 '이행하는 개혁적인(transitional, reformist) 전망'을 가지고 대통령직에 임해야 하지 않을까 생각합니다. 그러나 이제까지의 대통령들이 대개가 정도의 차이가 있을지언정 전자의 전망으로 임무에 임하지 않았나 생각이 듭니다. 이것도 물론 '대권' 때문에 생기는 오해가 아닌가 생각합니다. 그 결과는 매우 치명적일 수 있습니다. 왜냐하면 '변혁과 혁명적인 전망'이란 야당처럼 자기에게 반대하는 사람들을 함께 정국을 운영해야 하는 동반자나 혹은 큰 틀에서 국익이라는 목적을 위해 누가 더 잘할 수 있는가 경쟁하는 경쟁자로 보기보다, 자기에게 반대하는 적이나 혹은 자기가 수행해야 하는 위대한 업적을 방

한국의 불행한 대통령들

해하는 방해꾼으로 '궤멸'해야 하는 상대로 볼 수 있기 때문입니다.

실제 정치적으로 경쟁하는 야당뿐만 아니라 자기와 이념적, 정치적 전망을 공유하지 않는 사람들도 모두 적대적으로 보고 이를 '바로잡아야 한다'고 생각하는 건 아닌지 모르겠습니다. 그래서 이른바 '문화계 블랙리스트' 같은 어이없는 처사도 나오는 것이 아닌가 합니다. 이런 현실을 볼 때 간혹 프랑스 작가 카뮈의 말이 생각납니다. 그는 이와 비슷한 말을 한 적이 있습니다. "자신이 틀릴 수도 있다고 하는 정당이 있다면 그것이 바로 나의 정당이다."

정권이 바뀌면 흔히 정부의 조직이 크게 개편되는 경우도 많습니다. 부처들의 명칭에서부터 업무나 조직들이 바뀌고 새로운 직책 등이 생겨나기도 합니다. 어떤 부처의 명칭이 새롭게 바뀌면 해당 부처들은 명함을 새로 만들어야 하는 일에서부터 시작해서 업무 조정, 인사 개편 등에 이르기까지 새로운 현실에 적응하려 나름 큰 부담을 져야 합니다. 한바탕 대규모 혼란이 진정되고 일들이 제자리를 잡을 만하면, 새 정권이 들어서고 또 다른 소동이 기다리고 있는 것이 아닌지 모르겠습니다.

인수위에서 매 정권마다 되풀이하는 일 중의 하나로 '정부 조직 개편'이 있다. 노태우 정권 때부터 한 번도 예외가 없었다. 새 정권이 이전 정부 조직을 개편하는 것은 조직 체계에 문제가 있기 때문이다. 그런데 다음 정권도 전

정부의 조직을 개편한다. 그 역시 조직 체계에 문제가 있기 때문이다. 계속 도돌이표다.[53]

심지어 정권이 바뀌면 역사책도 새로 써야 합니다. 정권에 반대하거나 비판하는 사람들을 말살하려는 생각을 하지는 않는지 의심이 갑니다. 이런 생각은 심한 경우 상대방을 극단적인 선과 악의 이분법적 구분으로 보게 되는 결과를 낳고, 어떻게든 정치 외적 구실을 붙여서라도 상대방을 제거하게 만듭니다. 물론 이런 경우 상대방도 무슨 수를 쓰더라도 같은 방식으로 대통령이나 그 측근을 상대하려 하겠지요. 이런 맥락에서는 이른바 이념 지향적인 정치도 개입이 됩니다. 이념은 수많은 복잡한 요인들이 얽혀 있는 현실을 단순 명료하게 정리할 수 있는 좋은 지적인 도구입니다. 그러나 이념은 현실을 크게 왜곡하기도 합니다. 특히 현대와 같이 확대된 복잡한 사회에서 이념적인 틀을 엄격하게 적용한다면, 애초 의도에 어긋나거나 부정적인 결과를 낳기 쉽습니다.

이런 점은 파시즘이나 나치즘이 지배하던 나라, 혹은 냉전기를 통해 사회주의 국가들이 실패한 예를 참조하면 잘 알 수 있습니다. 가장 큰 부작용은 이른바 '내로남불' 현상입니다. 자기편 잘못은 적당한 구실과 변명으로 감싸면서 상대방의 처신에 관해서는 그 무엇보다 엄중한 잣대를 들이대어 비판하는 식입니다. 사회에 공적인 윤리나 공정성에 공

　한국의 불행한 대통령들

통적인 판단의 기준이 사라집니다. 자기편 잘못은 괜찮은 것이어서 어떤 경우라도 감싸야 하고, 상대방의 경우는 가차 없는 비판과 함께 타격을 입히려 하는 것입니다. 이것은 매우 심각한 문제입니다.

노무현 대통령의 비극적인 마지막에 관하여 저는 항상 이명박 대통령의 가혹한 처사를 비난하고 원망했습니다. 이런 생각에는 지금도 변함이 없습니다. 그런데 이 사건의 이면에 관하여 제가 몰랐던 사실이 있었습니다. 그것은 이명박 대통령 측으로서는 노무현 측이나 혹은 그 동조 세력들이 자신을 인정하지 않고 어떻게 하든지 이를 전복하려 한다는 의심을 했고, 이에 대한 반격으로 전임 대통령의 자금 출처 조사를 시작했다는 이야기입니다.[54] 이 이야기는 이명박 대통령의 대선 운동 기간으로까지 거슬러 올라가는데, 대략 다음과 같은 사연입니다. "이명박 후보가 마침내 자기 당의 공식 대선 후보가 된 후에 갑자기 캠프에 자금 공급이 고갈되었는데 이것은 상식에 역행하는 상황이었다. 정상적이라면 오히려 자금 공급이 원활하게 되어야 하는데 실제는 그 반대였다는 것이었다." 이것을 이명박 측에서는 당시 노무현 정부의 이면 선거 개입으로 보았다는 것입니다.[55] 그러나 결정적인 계기는 대통령 취임 후에 일어났다는 것입니다. 즉 잘 알려진 미국 소고기 수입을 둘러싼 촛불 시위를 겪고 나서는 이것이 단지 항의나 비판을 위한 시위가 아니라, 정권 퇴진이나 전복의 기도로 받아들이고, 이에 반격을 하는 방향으로 나아갔다는 이야기입니다.

이런 과정에서 권력을 잡은 사람들의 공통된 인식은 사회를 통합하는 것이 아니라, 반대 세력을 밟고 탄압해야 한다는 기조로 바뀌었다. (중략) MB 정부도 촛불 사태 이후 국민 통합이 아니라 상대방을 약화시키는 방향으로 갔다. 촛불 사태를 겪고 난 뒤 저 사람들은 화해할 수 없는 세력이다. 그 핵심이 노사모이고 친노라고 생각하게 된 것이다. (중략) MB 정부는 수세에 몰리니까 상대방을 치기 위하여 비자금 영역을 건드렸다.[56]

이런 구절은 앞에서 언급한 노무현 정부 시절에 '김대중과 호남 지우기'에 관한 부분과 함께 생각해볼 수 있지 않을까 싶습니다. 이런 이야기가 사실인지 확인할 방도는 없지만, 상당한 설득력이 있다는 것은 인정해야 합니다. 특히 관심을 끄는 것은 이러한 일들이 이념 지향이나 정책 노선이 다른 노무현 정부와 이명박 정부 사이에만 있었던 일이 아니라는 점입니다. 같은 당, 같은 진보 성향의 김대중 정부와 뒤를 이은 노무현 정부 사이에서도 비슷한 일이 있었던 것으로 보입니다. 앞에서 노무현 정부 출범 이후 김대중 대통령 측근들이 모두 법정에 서는 일이 있었고, 노무현 측에서 민주당을 깨고 새로운 정당을 만든 것에 김대중이 불만을 가졌다는 것을 언급했습니다. 그런 이면에는 노무현 정부 초기에 한나라당과 민주당이 국회에서 함께 기습 상정한 무기명 투표로 대통령 탄핵을 가결한 일도 있었습니다. 탄핵의 이유는 대통령이 선거에 개입했다는 것이었습니다. 이런 이면에 관한

한국의 불행한 대통령들

확실한 사실이나 주된 행위자들의 동기는 정확히 확인할 수 없습니다. 그러나 이런 불행한 일들이 결국 우리가 쉽게 '대권'이라고 부르는 대통령직에 대한 잘못된 생각과 관련이 있는 것이 아닌가 하는 의심을 멈출 수 없습니다.

"대권을 잡아 세상을 확 바꾸겠다.", "대권을 잡아 새로운 세상을 만들겠다." 실제로 하고 싶은, 해야 하는 일들은 산적해 있지만 임기는 짧고 방해도 많습니다. '천명(天命)'을 받았다는 것보다는 조금 더 겸손하게, 노무현 대통령의 이야기대로 조금 더 '과학적인 생각'으로 임하면 어떻겠습니까? 다른 나라에서도 정권이 바뀌면 흔히 전 정권의 정책을 지우려는 경향을 볼 수 있습니다. 그러나 이것은 정책의 영역에 머무는 것이 보통입니다. 우리의 경우는 정책의 영역보다 검찰을 동원하는 사법적인 처리가 주를 이루는 것이 큰 차이입니다.

여하간 여기서 중요한 것은 이런 정계 내면의 이야기가 아니라 우리가 정권 교체의 제도적인 마련이 된 후에도 상대방의 존재를 '동반자' 혹은 '경쟁자'로 생각하기보다는 오히려 약화시키거나 없애야 하는 '적'에 가까운 대상으로 인식하는 경향이 있다는 사실입니다.

또 다른 어려움 중 하나는 이른바 '패거리 정치'입니다. 다른 나라에도 이런 전근대적인 요인은 일부 남아 있습니다. 그러나 빠른 근대화를 이룬 우리나라 같은 경우에 특히 심하지 않은가 싶습니다. 학연이나 지연, 인척 관계 같은 전근대적 요인이 이런 패거리 정치의 원인이 됩니다. 그러나 가장 심각한 것으로 바로 앞에서 지적한 바와 같이 이 념적인 집단도 '패거리' 현상을 드러낼 수 있습니다. 어떤 조직 내부에 서도 공적인 규범 이외에 인적 관련 사항이 인사나 업무 수행에 중요한 요인이 될 수 있습니다. 정두언은 자신이 몹시 나쁘게 여겼던 인사 결정에 반발하고 이를 시정하려 했지만 실패한 원인을 알고는 황당했다고 기록했는데, 그런 인사가 결국 어떤 고등학교 선후배 사이라는 이유 때문이었다고 합니다.[57]

김대중도 지연 이외에 학연이 우리나라의 큰 폐습이라 지적했습니다. 그의 재임 기간 학맥을 혁파하라고 강조했는데도 사라지지 않았다는 것입니다. "성향이나 인품으로 보아 결코 학연에 매몰될 사람이 아닌데도 정작 그 소용돌이 한가운데 서 있는 것을 종종 보았다."[58] 지연, 학연 이외에도 우리나라에는 또 다른 패거리 문제가 있습니다. 바로 '이념'입니다. 이념적인 집단의 경우도 그들의 문화가 흔히 폐쇄적인 것은, 아마도 우리 사회가 멀리는 일제 강점기부터 해방과 전쟁을 거치면서 뿌리를 내린 오랜 사적인 인연들 때문이 아닌가 생각합니다. 노무현 대통령도 퇴임 이후 이런 말을 남겼습니다. "우리 사회의 부정부패는 상당히 해소됐지만 연고주의, 지역주의, 학벌주의 그리고 온정주의 등은 공사가 분명하지 않아서 생기는 것인데, 그런 점은 아직 많이 남아 있습니다."[59]

이런 현상을 저는 '천민 공직 윤리(crony public ethics)'라는 모순적인 표현으로 부른 일이 있습니다. 마치 어느 나라 상인들이 친구나 친척 또는 가족에게 부르는 가격과, 내국인이나 외국인에게 요구하는 가격이 모두 차이가 난다고 하는 말이나 마찬가지로, 공적인 일에 있어서도 자기 패거리 내부와 외부에 적용하는 규칙이 각기 다른 것입니다. 이것은 물론 대통령 주변에서만 일어나는 것은 아닙니다만, 역시 '대권'과 결부될 때에 그 영향이 매우 크지 않겠습니까? 문제는 대통령의 임기 말이나 그 이후 이런 일로 인해서 일어나는 물의나 비난에 관해서는 결국 대통령이 최종 책임을 져야 되는 것이지요.

이 문제와 관련된 저의 작은 경험을 하나 예로 들겠습니다. 어느 나라 대사로 있을 때였습니다. 본국에서 어떤 기관을 책임지고 있는 분이 방문했는데, 마침 그 나라에도 자매와도 같은 기관이 있고 그 기관의 책임자도 방문한 분과 지인 관계였던지라, 두 분을 함께 식사에 초대한 일이 있었습니다. 대화 도중에 본국에서 온 분이 자기 책임하에 있는 기관에서는 해당국의 대사에게 매년 무료 검진 혜택을 준다는 말을 했습니다. 저는 그 말을 듣고 장난기 섞어, 그렇다면 해당국의 기관에서도 나에게 같은 혜택을 주어야 하지 않겠는가 하고 물었습니다. 해당국의 기관장은 흔쾌히 그렇게 하겠다고 약속했습니다. 그런데 며칠이 지난 후 그 기관장이 매우 죄송하게 되었다며 저와 한 약속을 지킬 수 없게 되었다고 전했습니다. 이야기를 들어보니 자기가 한 약속을 지키려고 직원에게 지시를 했는데, 그 지시를 받은 직원이 규정

집을 아무리 살펴보아도 외국 대사에게 무료 진료를 할 수 있다는 규정이 없어서 기관장의 지시를 따를 수 없다고 보고했다는 것입니다. 몹시 민망해하면서 사과하는 그분에게 애당초 유쾌한 대화 중 농담처럼 한 말이라 이미 잊었으니 마음 쓰지 말라고 오히려 위로를 하고 이야기를 끝냈습니다.

그러나 이 작은 일화가 그 후 마음 한구석에 의문으로 남았습니다. 잘 모르지만 본국의 해당 기관에도 외국 대사에게 무료 진료를 해줄 수 있다는 규정이 없지 않겠는가? 혹은 그와 유사한 규정이 있었을지도 모릅니다. 만약 그런 규정이 없었다면 기관장의 '개인적인 후의는' 행정적으로 어떻게 처리되었을까 하는 의문이었습니다. 물론 작은 문제이고 편법 처리라도 가능하긴 했겠지요. 그런데 불행한 대통령의 문제를 다루다가 이 일화가 생각났습니다. 비록 규정이 없더라도, 공적인 규범에 어긋나는 일이더라도, '대권'의 지시나 어떤 조치를 바라는 '눈치'가 보인다면, 주변에서 어떤 편법을 쓰더라도 이를 이행하려고 하지는 않겠는가 하는 생각입니다.

대통령을 보좌하는 측근 인물들도 무리한 일일지라도 가능하면 대통령의 뜻에 맞추고, 대통령이 듣기 싫어하는 말은 삼가려는 경향이 당연히 있습니다. 그래서 대통령이 후일 책임을 면하기 어려운 잘못을 저지르는 것을 알면서도 이를 적극적으로 말리기는 무척 어려운 일인 것 같습니다. 대통령은 대권을 쥔 채 점차 현실에서 멀어지고, 주

한국의 불행한 대통령들

변은 이런 대통령에게 거슬리는 말을 하지 않으려고 합니다. "인간이 공간적인 면에서 남들과 동떨어지게 되면 곧 현실감각을 잃게 되고 자기 독선에 빠지기 쉽다. 주변에서 하는 수많은 이야기 중에서도 달콤한 말만 자꾸 귀에 꽂히고, 자신이 그런 모습을 보이니 국정원이나 경찰, 검찰 등에서 취합돼 올라오는 보고들도 점점 대통령의 입맛에 맞거나 흐뭇해할 만한 내용들 일색이 되어 간다."[60] 모두가 '대권'의 위세와 그늘 혹은 자신의 신변 이해관계 때문입니다.

이런 것은 대통령 주변과 혹은 청와대 내부의 분위기, 그리고 바깥 사회의 현실 사이에 큰 괴리를 만듭니다. 혹은 대통령의 심기를 보살펴야 하는 충성심에서, 혹은 자신의 개인적인 이해관계 때문에, 또는 분위기에 휩싸여서, '대권'의 상황 인식과 위험 인식은 현실과 괴리되기 쉽습니다. 그리고 '대권'을 손에 놓는 날 이런 잘못들이 모두 화살이 되어서 대통령에게 돌아오게 됩니다.

아직 봉건적 질서에 사로잡혀 있다. 대통령이 아니라 선출된, 왕을 보듯 무조건 복종해야 한다는 강박관념도 여전히 심하다. 여당은 당 대표를 통해 대통령의 의지를 당에 투영시키고 원활한 국정 운영을 내세워 내부의 다른 의견 등을 억압 통제하는 구조다. 지금도 그렇고 과거 이명박, 박근혜 정부 때의 여당도 같았다.[61]

그러다가 말기에 대통령의 권한과 위상이 약해지면 온갖 어려움이 한꺼번에 닥치게 되겠지요. 최고 지도자인 대통령 본인도 다시 생각해보아야 하는 점이 있지 않을까 생각합니다. 오래전 인수위원회 조직을 준비하면서 읽은 외국 참고 서적에서 이런 구절이 있었습니다. 대통령 당선자를 위한 조언 같은 것이었는데, 첫째는 당선된 순간부터 선거 전에 있었던 일은 모두 잊어버리라는 것입니다. 선거 전에 후보로서 했던 일, 경험했던 일 등을 모두 잊어버리고 당선된 이후에는 한 나라의 대통령으로서 생각하고 행동하라는 것이었습니다. 둘째는 선출된 공직자로서, 국민의 심판을 거치지 않은 관리들을 경시하거나 특히 적대하지 말라는 것이었습니다. 선거는 옳고 그른 것을 판단하는 것이 아니고 일정한 조건으로, 그리고 한시적으로 권력을 위임하는 사회적 합의에 불과합니다. 옳고 그름은 선거가 아닌 다른 영역에서 판단이 됩니다. 정책의 실제 영향이나 법적인 영역, 혹은 후일 역사의 평가로 판단되는 것입니다. 그런데 당선자는 국민의 선택을 받았으면 자기의 생각이나 정책이 다 옳다는 생각에 빠지기 쉽습니다. 상대방의 주장은 다 틀렸다는 생각을 할 수도 있겠지요. 그리고 대통령 부근에 있는 분들이 이런 생각을 더 부추길 수도 있지 않겠습니까?

이제 좀 더 구체적으로 어째서 자랑스러운 민주화 성취의 명성을 갖고 있는 한국의 역대 대통령들의 끝이 불행했는지 살펴보겠습니다. 처음 두 분 대통령, 이승만과 박정희는 권력을 억지로 연장하려다 실패했습니다. 이것은 신생 독립국, 그리고 민주화가 제대로 되지 않은 나라들에서 흔히 볼 수 있는 일입니다. 만약 이승만 대통령이 한국전쟁이 끝난 후라도 헌법이 정하는 바에 따라 임기를 끝내고 물러났더라면 본인과 대한민국 모두에게 훨씬 더 좋은 일이 아니었겠습니까? 아마도 그전에 저질러진 부정적인 일들도 잊히거나 이해되는 상황이 되었을지도 모릅니다. 박정희 대통령의 경우도 자신이 추구하던 '조국 근대화'나 '민족 부흥'의 성과가 눈에 띄게 달성되었을 때 스스로 물러났더라면 좋지 않았을까 생각합니다. 물론 어려운 일입니다. 꼭 권력에 대한 개인적인 집착 때문만은 아니었을 것입니다. 본인들의 사명감과 권좌에서 물러난 이후의 개인적, 국가적 차원의 어려움 등을 생각하면 쉽게 권력의 자리에서 물러나기 어려웠을 것입니다. 이런 상황에서 나라를 진정으로 생각하는 측근들의 역할이 중요할 수 있습니다. 절실한 충언이 있어야 합니다. 그런데 가까이 있던 분들의 행태는 아마도 그 반대가 아니었는가 생각합니다. 여기에도 '대권'과 '천민 공직 윤리', 한 걸음 더 나아가 '이상주의'와 '권력욕'이 결부된 현실이 불행한 결말을 낸 게 아니었나 생각합니다.

누구나 (권력의) 자리에 있는 사람들은 자신이 잘못을 저지를 리가 없다는 신화를 만들려고 진실에서 눈을 돌리는 일에 급급하고 있습니다.

잘 알려진 소설 『닥터 지바고』의 한 구절입니다. 우리의 경우 '대권' 의식과 측근들의 '천민 공직 윤리'가 결합되어 만들어내는 "진실에서 눈을 돌리는" 잘못이 아닌가 합니다. 이런 일들이 불행한 대통령들을 만드는 것이 아닐까 생각합니다. 불행한 대통령에 대한 책임에는 국민들의 몫도 있습니다. 국민들 역시 '대권 의식'에서 자유롭지 못한 것이 아닐까요. 임기 초에 대통령에게 엄청난 기대를 했다가 곧 이어서 기대는 실망과 환멸로 바뀝니다. 무슨 "앞바다에 손가락이 둥둥 뜬다"느니 "대통령 욕하는 게 국민 스포츠"라는 말도 있습니다.

그다음 전두환, 노태우 두 대통령의 치욕은 금전적 비리가 직접적인 원인이 되었습니다. 일반인들에게는 어떻게 해서 나라의 최고 책임자 신분으로 그렇게 어마어마한 규모의 부정이 가능했을까 하는 의문이 생깁니다. 그런 일을 상세히 밝히는 것은 아마도 심층 저널리즘의 영역이 아닐까 합니다. 그러나 조금 더 설명해보면 역시 '대권'의 현실, 그리고 '천민 공직 윤리'와 연관되어야 가능하지 않은가 생각합니다.

민주화 운동의 지도자였던 세 분 대통령의 끝도 행복하지 않았습니다. 김영삼, 김대중, 노무현 세 분은 가까운 가족들의 행태로, 그리고 같은 진영 내의 권력 관계로, 혹은 믿고 추진하던 정책의 현실적 한계로 어려움을 겪었습니다. 이 세 분은 정치적인 영역에서 좋은 명분과 명성을 이룩한 분들이었지만, 근본적으로는 같은 현실의 원인으로 불행한 일들을 겪어야 한 것이 아니었나 생각합니다.

그다음으로 이어진 이명박, 박근혜 두 대통령의 경우도 역시 또 각자 다른 이유로 큰 틀에서 같은 경우가 아닌가 생각합니다. 말하자면 불행한 가정은 각기 다른 이유로 같이 불행하게 된 것입니다.

바라건대, 우리에게도 다시 '아름다운 전직 대통령'이 생기게 될 그날이 왔으면 좋겠다. - 문희상

1장

대통령을 기다리는 외교 함정

조병제

대통령과 외교

노태우, 김영삼, 김대중, 노무현, 이명박 등 다섯 분 전임 대통령의 회고록을 보면, 대통령 재임 기간에 대한 기억의 절반 이상이 외교에 관한 내용으로 채워져 있습니다.[1] 특히 노태우, 김대중, 이명박 세 분 대통령의 기록은 3분의 2가 외교 이야기입니다. 왜일까요?

외국에서 환대를 받고 감동한 기억이 마음속 깊이 남았을 수도 있습니다. 또는 국내와 달리 외교는 상대방과 거리가 멀기에 보다 마음 편히 기록할 수 있었는지도 모릅니다. 그렇지만 이렇게 단순하게 넘어가도 되는 문제가 아닙니다. 대통령의 회고록이란, 단순한 회상록이나 비망록과는 다릅니다. 국가의 최고 지도자가 5년간 임기를 마친 다음 후세를 위해 내놓은 기록입니다. 한 나라의 대통령이 퇴임한 후 남기고 싶은 이야기의 반 이상이 외교에 관한 것이라면, 여기에는 해외에서 받은 대접이나 추억을 넘어서는 근본적인 무언가가 있다는 뜻

한국의 불행한 대통령들

아닐까요?

무엇보다 외교는 대통령의 호승심(好勝心)을 자극하는 분야입니다. "국내에서 치열한 경쟁을 뚫고 대통령이라는 '가장 높은 자리'에 올랐다. 즉 대권(大權)을 잡았다. 여기까지 오면서 나라 안의 일은 알 만큼 알았고, 볼 만큼 보았다. 이제 승부를 겨룰 상대는 나와 같은 반열에 오른 다른 나라의 최고 지도자들이다. 그 가운데 나도 우뚝 서고, 내 나라도 우뚝 서게 하고 싶다." 이것이 최고 지도자가 된 다음에 가질 수 있는 자연스러운 생각의 흐름 아닐까요? 전임 대통령의 기억이 외교에 쏠리는 것은 어느 정도 당연하다고 볼 수 있겠습니다.

그런데 이상한 점이 있습니다. 회고록에 담긴 기억이 자랑스럽지만은 않습니다. 부끄러운 기억, 때로는 서글픈 기억도 담겨 있습니다. 후세에 남기려 내놓았다면 얼마든지 훌륭하고 좋은 이야기와 자랑할 이야기로 가득 채울 만도 한데 그렇지 않습니다. 좌절의 이야기, 상처받은 자존심의 이야기가 있습니다. 외교로 득을 본 적도 있지만 그렇지 못한 적도 많았습니다.

한반도를 빛내는 새로운 시대를 열고 동아시아의 평화와 안정을 다진 지도자로 역사에 자리매김하고 싶지만, 현실은 마음대로 움직여주지 않습니다. 금융위기로 국가 부도가 나고, 북핵 문제로 한반도에 전쟁 위기가 거세게 몰아칩니다. 쇠고기 때문에 정권이 흔들리기도 합니다. 미국이 사드(THAAD)를 배치하니 중국은 경제 보복으로 압박합니다. 이렇게 대외 관계가 흔들리니 다른 국정 과제도 추진하기 어렵습니다. 폭풍과도 같았던 임기를 마치고 돌아보면, 하고 싶은 말도 남기고 싶은 이야기도 많을 수밖에 없습니다.

외교는 한국의 역대 대통령 모두에게 어려운 과제였습니다. 마치 외교라는 이름의 함정이 숨을 죽이며 기다리고 있다가 대통령이 되자마자 집어삼키러 달려오는 것 같아 보입니다. 다만 노태우 대통령은 행운을 만났습니다. 1980년 모스크바 올림픽, 1984년 LA 올림픽을 반쪽으로 치른 다음이라, 1988년 서울 올림픽은 어떻게든 온전하게 치르고 싶다는 국제적인 공감대가 있었습니다. 노태우 대통령은 올림픽 개최를 한 달 앞두고 사회주의권에 문호를 개방하고 남북 관계 개선을 모색한다는 7·7 선언을 발표했습니다. 이것이 세계사적인 냉전 종식의 전환기와 겹쳤습니다. 1980년대 후반에 이르러 70년에 달하는 공산주의 실험은 막을 내리고, 자유민주주의와 시장경제가 시대정신이 되고 있었습니다. 서울 올림픽은 새로운 한국을 세계에 선보이는 계기가 되었고, 노태우 대통령의 북방 정책은 힘을 받기 시작했습니다.

그때까지 굳게 닫혀 있던 사회주의권 전체가 마치 마법처럼 문을 열고 한국을 맞았습니다. 헝가리에서 시작한 관계 개선은 일사천리로 이루어졌습니다. 1990년 9월 소련과 외교 관계를 수립했고, 1992년 8월 중국과 관계를 정상화하면서 북방 외교는 절정에 다다랐습니다다. 모스크바와 베이징을 거쳐 평양으로 들어간다는 계획에 따라 북한과 대화를 모색했고, 1991년 12월 '남북 화해와 불가침, 교류 협력에 관한 기본합의서'와 '한반도 비핵화 공동선언'에 합의했습니다. 하지만 결국 지금까지도 한반도가 끌어안고 있는 장애를 넘어서지는 못했습니다. 바로 북핵 문제였습니다. 북한은 생사의 갈림길에서 핵을 끌어안고 버티었습니다. 미국은 북방 외교를 지원하면서도 남북 관계의 속도를 조절할 것을 요구했습니다.[2] 이후 노태우 대통령이 퇴임한 직후인 1993년 3월, 북한이 핵확산방지조약(NPT) 탈퇴를 선언하면서 한반도는 급속히 위기 국면에 처하게 되었습니다.

김대중 대통령도 임기 전반에 커다란 외교적 성과를 거두었습니다. 김대중 대통령에게는 커다란 정치적 자산이 있었습니다. 그것은 투옥과 망명 등의 핍박은 물론, 말 그대로 생사의 위기를 몇 번이나 넘나들며 싸워온 오랜 민주화 투쟁 경력이었습니다. 제5 공화국 시절 2년 반의 미국 생활, 1992년 대선 패배 후 영국 케임브리지 체류 등으로 국제적으로 알려지기도 했습니다. 그는 대통령에 당선되면서 남아공의 만델라, 폴란드의 바웬사, 체코의 하벨, 필리핀의 아키노, 미얀마의 아웅 산 수 치와 함께 새로운 시대의 상징으로 떠올랐습니다. 김대중 대통령은 취임 초에 만난 외환위기를 예상보다 빨리 극복했고, 한반도 냉전 구도를 해체한다는 햇볕정책을 제시하여, 나라 안팎의 지지도 확보했습니다. 2000년 6월에는 분단 이후 처음으로 평양에서 남북 정상회담을 개최하는 큰 성과를 거두었습니다. '과거를 직시하고 미래를 지향한다'는 합의를 기초로 일본과 미래지향적인 관계를 구축했고, 미얀마와 동티모르를 포함한 아시아의 인권 개선과 민주화를 위해 노력했습니다. 그 공로를 인정받아 한국인 최초로 노벨평화상을 받는 영예를 누리기도 했습니다.

그러나 안타깝게도 김대중 대통령의 외교적 성과는 그리 오래가지 못했습니다. 2000년 6월 열린 최초의 남북 정상회담의 역사적인 의의는 남았지만, 실망한 일도 많았습니다. 그중에서도 2001년 1월 미국 부시 대통령의 취임은 김대중 대통령에게 예상치 못한 좌절을 안겼습니다. 김대중 대통령은 미국의 새로운 행정부가 정책을 굳히기 전에 협력 기반을 확보하기 위해 정상회담 개최를 서둘렀습니다. 그 결과 부시 행정부가 출범한 지 2달이 채 안 된 3월 8일로 회담 일자를 잡았습니다. 미국은 그때까지 대외 정책 재검토를 채 마치지 못한 상태였습니다. 북한에 대한 정책 역시 콜린 파월 국무장관을 포함한 온건파, 그리고 체니 부통령, 럼스펠드 국방장관, 울포위츠 국방차관 등 신보수주의자(Neocons) 사이의 입장이 조율되지 않은 상태였습니다. 그런데도 김대중 대통령은 회담을 적극적으로 밀어붙였습니다. 이정빈 외교통상부장관과 임동원 국정원장을 차례로 보내 워싱턴을 설득했습니다.[3] 그러나 이러한 시도는 성급했고, 결과적으로 정상회담은 실패작이었습니다. 부시 행정부의 기조는 클린턴 정부가 추진한 정책에

한국의 불행한 대통령들

무조건 반대하는, 소위 'ABC(Anything But Clinton)'였습니다. 회담 후 기자회견에서 부시 대통령은 '북한 지도자에 대한 의구심'을 노골적으로 드러냈고, 김대중 대통령을 "이 양반(this man)"이라고 불렀습니다. 이렇게 부시 대통령과의 첫 만남은 김대중 대통령의 마음에 상처를 남겼습니다.

> 그는 친근감을 표시했다고 하나 매우 불쾌했다. 나는 한국의 대통령이었고 우리의 정서를 살펴야 했다. (중략) 그가 아들뻘이라는 생각도 들었다. 그리고 부시 정부와의 관계가 순탄치 않을 것 같았다. 불길했다.[4]

그해 9월 11일, 뉴욕의 무역센터 '쌍둥이빌딩'이 알카에다의 항공기 자살 테러에 무너졌습니다. 미국은 '테러와의 전쟁'을 선포했고, 부시 대통령은 2002년 1월 연두 시정연설에서 북한을 이란, 이라크와 함께 '악의 축(axis of evil)'으로 선포합니다. 이것은 햇볕정책과는 어긋나는 방향이었습니다. 물론 북미 관계는 악화일로를 걸었습니다. 대북 정책을 두고 한미 관계가 불편하다는 인식도 확산되었습니다. 2002년 여름, 동두천에서 길 가던 여중생 둘이 미군 장갑차에 치여 죽는 사고가 일어났습니다. 사고 군인을 무죄 판결한 미국의 안이한 처리가 반미감정에 불을 지폈습니다. 이렇게 남북 관계와 한미 동맹은 모두 어려움에 처하고 말았습니다.

김정일 위원장과의 만남도 그다지 끝이 좋지 못했습니다.[5] 기대와 희망이 컸던 만큼이나 실망과 좌절도 깊었습니다. 김대중 대통령은 특히 6·15 공동성명에서 약속한 서울 답방이 이루어지지 않은 것을 무척 섭섭하게 생각했습니다. 퇴임 후인 2006년 6월, 김정일 위원장은 김대중 대통령을 평양에 초청하겠다고 했습니다. 김대중 대통령은 기다렸지만, 정식 초청장은 오지 않았습니다. 이 일로써도 김대중 대통령의 마음은 상당히 불편했습니다.

김 위원장은 나와의 약속을 지키지 않고 있었다.[6]

다른 전임 대통령들의 외교는 더욱 힘들었습니다. 외교의 실패는 국내 지지도 약화로 이어졌고, 국정 추진의 발목을 잡아 대통령의 처지를 어렵게 만들었습니다. 김영삼 대통령도 남북 관계를 화해와 협력의 장으로 바꾸려는 의지가 충만한 채 임기를 시작했습니다. 인민군 출신 비전향 장기수 이인모 노인(1993년 당시 76세)을 북으로 돌려보내기로 한 것 역시 그런 의지의 일환이었습니다.[7] 북한의 체제 선전 면에서 보면, 이인모 노인은 '혁명 전사'로 순교자 반열에 오를 가치가 있었습니다. 이 '혁명 전사'를 국군 포로 교환이나 납북자 문제 해결에 연관되는 일 없이 순수한 인도주의 차원에서 돌려보내기로 한 것이었습니다. 이러한 김영삼 대통령의 구상은 1차 핵 위기라는 복병을 만나 좌절하고 말았습니다. 김영삼 대통령은 북한의 핵확산방지조약 탈퇴가 "문민 정부 초기에 닥친 가장 큰 시련이었다"고 회고합니다.[8] 이듬해 3월 남북회담 대표로 나온 북한 조국평화통일위원회 박영수 부국장은 '전쟁이 일어나면 서울은 불바다가 될 것'이라고 노골적으로 협박했고, 이어 몇 달간 한반도는 극심한 긴장과 전쟁 위기를 겪었습니다.

미국이 북한과 마주 앉아 협상을 시작하면서, 한반도의 운명이 남한의 머리 위에서 북한과 미국 사이의 흥정 대상이 될 수 있다는, 소위 '통미봉남(通美封南)'의 우려가 첨예하게 대두되었습니다. 김영삼 대통령은 이때가 "재임 중 가장 힘들었던 시기였다"고 했습니다.[9] 하나회 척결, 전두환, 노태우 대통령 재판, 금융실명제 도입 등 임기 초반 과감한 결단으로 국민의 높은 지지를 받았지만, 그 성과는 임기 후반까지 이어지지 못했습니다. 김영삼 대통령의 정치적 입지는 약해졌습니다. 준비가 부족한 채 세계화와 자본 자유화를 밀어붙였고, 이어서 외환 위기가 뒤따랐습니다. 결국 사상 초유의 국가 부도 사태를 맞은 나라를 다음 정권에게 물려주어야 했습니다.

노무현 대통령은 선거 운동 기간 때부터 반미감정과 북핵 문제로 한미 관계와 남북 관계가 모두 어려운 상태에서 취임했습니다. 가장 급한 과제는 한미 관계 안정이었습니다. '북핵 위기로 투자자들이 빠져나갈 것'이라는 이야기를 듣고, 노무현 대통령은 당선되자마자 주한 미국 상공회의소와 유럽 상공회의소를 찾아갔습니다. 그러나 노무현 대통령은 참석자들의 관심이 북한의 핵 개발이 아니라 한미 동맹에 맞추어져 있는 것을 발견하고 놀랐습니다.

북핵은 괜찮은가? 남북 관계는 문제가 없는가? 등의 질문이 아니고, 한미 관계나 한미 동맹은 문제가 없는가? 라는 것이 핵심적인 질문이었습니다.[10]

노무현 대통령은 임기 중 이라크 파병을 추진했고, 한미자유무역협정(FTA) 체결을 단행했습니다. 용산과 동두천에 흩어져 있던 미군 기지를 평택으로 한데 모으는 것에도 합의했습니다. 노무현 대통령은 실질적인 면에서 보자면 역대 어느 대통령보다 한미 관계 강화에 기여했습니다. 하지만 이 때문에 혹시나 국내 지지층이 등을 돌리지 않을까 고민도 많았습니다.[11] '좌파이면서 반미 대통령'이라는 이미지는 임기 내내 노무현 대통령을 따라다녔습니다. 2002년 9월 새천년민주당 대통령 후보로 대구 영남대학교에서 강연하는 도중 "반미 좀 하면 어떠냐"고 농담조로 말한 것이 내내 말꼬리를 잡혔습니다. 대통령에 당선되는 날까지 미국에 가본 경험이 없다는 점도 지적되었습니다. 2004년 11월에 열린 LA 세계문제협의회(WAC) 연설에서 '핵미사일이 자위 수단이라는 북한의 주장에 일리 있는 측면이 있다'고 발언한 것도 이미지에 좋지 않은 영향을 미쳤습니다. 결과적으로 노무현 대통령은 외교 면에서 한미 관계와 남북 관계 사이의 긴장을 조절하지 못했고, 이것이 2007년 대선에서 500만 표 이상의 격차로 야당에게 정권을 내주고 마는 요인 중 하나로 작용하게 됩니다.

이명박 대통령은 한미 동맹을 '가치 동맹'으로 규정하고, 우리 외교력을 세계로 확장한다는 의미로 '성숙한 세계국가(Global Korea)'를 국정 지표로 추진했습니다. 그러나 취임하자마자 미국산 소고기 수입이 첨예한 외교 현안이자 국내 정치 불안 요인으로 등장했습니다. 소고기 수입에 반대하는 시위대가 광화문까지 진출해, 이 대통령은 청와대 뒷산에 올라 멀리서 들려오는 '아침이슬' 노랫소리를 들었습니다.[12] 결국 비서실장을 포함한 청와대 참모들이 총사퇴했습니다. 취임 4개월 만에 맞닥뜨린 이 위기로 인해 이명박 대통령의 국정 추진 동력은 결정적으로 약화되었습니다.

국정 지지율이 20% 미만으로 떨어지며 국정 운영의 동력이 급격히 상실됐다. 이후 소폭의 내각 개편도 있었으며, 한반도 대운하 사업도 철회했다. 공기업 선진화 등 임기 초 추진하던 각종 개혁도 큰 타격을 입었다.[13]

박근혜 대통령 역시 취임 직후부터 남북 관계 개선을 모색했습니다. 2015년에는 북핵 문제 해결을 위한 협력을 강화한다는 뜻에서 중국의 전승절(제2차 세계대전과 항일전 승리를 기념하는 행사) 열병식에 참석하는 결단을 내렸습니다. 서방 민주주의 국가 지도자로는 유일하게 박근혜 대통령만이 참석했습니다. 그러나 '천안문 망루 외교'라고도 불린 이 파격적인 행보는 한미 관계를 손상시켰고, 이를 만회하려 사드 배치를 결정한 것은 중국의 경제 보복을 불러오고 맙니다. 취임 초 지나친 강경 기조로 시작한 한일 관계는 임기 마지막 즈음에 다소 무리하게 위안부 문제 해결을 시도하는 배경이 되었고, 결과적으로 한일 관계 역시 수렁으로 빠져들게 됩니다. 남북 관계 악화와 한반도 안보 불안은 사상 초유의 대통령 탄핵 사태를 초래하는 배경 중 한 가지로 작용하고 말았습니다.

한국의 불행한 대통령들

대통령의 외교 현실

외교가 대통령의 국정 추진에 치명적인 함정이 될 수 있는데도, 역대 대통령들은 이 함정을 피하지 못하고 동일한 좌절을 반복해왔습니다. 그렇다면 대통령을 좌절하게 하는 외교의 현실은 어떤 것일까요?

　다른 나라도 그렇지만 우리나라 역시 대통령 선거에서 대외 정치 경험이나 경륜은 유권자의 주요 관심사가 아닙니다. 그러다 보니 대통령 후보자도 외교에서 경험을 쌓거나 외교를 특별히 공부해야 할 이유를 찾지 못합니다. 대통령 선거에서 본선보다 당내 경선을 먼저 챙기는 것과 비슷하다 할 수 있겠습니다. 김영삼 대통령은 임기 2년 차가 끝나가던 1994년 11월 호주 시드니를 방문하는 중 수행기자단과 가진 간담회에서 '세계화'라는 새로운 국정 화두를 던졌습니다. 김영삼 대통령은 그 당시 생각을 진솔하게 회고했습니다.

나는 대통령 취임 이후 수많은 외국 정상들을 만나는 과정에서, 또 1993년 APEC 정상회의를 포함한 외국 순방을 통해서 세계 각국의 정상들이 무슨 생각을 하고 무엇에 관심이 있는지를 실감할 수 있었다. 또한, 세계가 어디를 향해 나가고 있는지를 확실하게 느낄 수 있었다. (중략) 우리에게 있어 세계화는 이미 절체절명의 과제였다.[14]

대통령으로 일하면서 새로운 세계를 알게 되었고, 집권 2년 차가 끝날 무렵이 되어서야 '절체절명의 국가 과제'를 보았다는 이야기입니다. 노무현 대통령도 비슷한 맥락에서 자신의 심경을 고백했습니다.

북핵 문제는 우리가 대통령 선거를 할 당시에 발생했는데, 저는 선거에 바빠서 그 문제의 심각성을 잘 이해하지 못했습니다.[15]

외교부 직원들 사이에는 '대통령이 외교를 이해할 만하면 임기가 끝난다'는 말이 있습니다. 이는 대통령을 폄훼하거나 비판하는 말이 아닙니다. 임기 후반에야 외교를 보는 대통령의 시선이 달라지고, 그에 따라 외교부와 외교부 직원에 대한 인식이 달라지는 것을 지켜볼 수밖에 없는, 아쉬움과 안타까움이 담긴 말입니다.

둘째로는 사정이 이렇다 보니, 실제 선거 운동이나 공약 수립 과정에서 외교에 관한 사항은 우선순위에서 다소 밀리게 되곤 합니다. 일단 당선이 급하니 당연할 수도 있지만, 결과적으로 외교 분야의 공약은 종종 현실성이 떨어지는 경향이 있게 됩니다. 또한 당선 후에도 국제 정치 현실의 두꺼운 벽에 부딪혀 좌절되기 쉽습니다. 김대중 대통령의 '한반도 냉전 구도 해체', 노무현 대통령의 '동북아 균형자론', 이명박 대통령의 '글로벌 코리아', 박근혜 대통령의 '한반도 신뢰 외교'는 각각 나름대로 국제 정세 변화와 시대정신을 반영하여 만들어진 공약이었습니다. '한반도 냉전 구도 해체'는 냉전이 끝난 후 세계적 차원에서 진행되던 변혁의 흐름을, '동북아 균형자론'은 2002년 월드컵 이후 국가적 자신감을, '글로벌 코리아'는 세계화 과정에서 제2의 도약을 이룩하겠다는 의지를, '한반도 신뢰 외교'는 풀리지 않는 북핵 문제를 풀어내겠다는 절박함을 안은 목표이자 약속이었습니다. 그러나 이러한 외교적 약속이 우리가 처한 국제 정치 환경을 얼마나 진지하게 고려했는가에 대해서는 의문이 남습니다. 현실성을 고려하지 못했다면, 그래서 지킬 수 없는 약속이 되었다면, 그것은 공약(空約)이지 공약(公約)이 아닙니다. 의욕과 의지를 나무랄 수는 없지만, 우리의 외교 상대방이 투표권이 없다고 해서 이들의 입장에 대한 고려 없이 우리 마음대로 그림을 그린다면, 그것은 다른 문제입니다.

5년 단임 대통령제는 외교 분야에서 그 문제점을 뚜렷하게 드러냅니다. 정권이 바뀔 때마다 정책의 골격이 바뀝니다. 우리가 중점을 두는 지리적 범위가 새롭게 규정됩니다. 김대중 대통령은 '동아시아'를 중점 외교 대상으로 잡았습니다. 동아시아 지역 협력 방안이 여기서 나왔습니다. 그러나 정권이 바뀌면서 중점 지역은 '동북아시아'로 바뀌었습니다. '동북아 중심 국가'가 지향점이 되었습니다. 다음 정부가 되자, 이번에는 '세계(Global)'가 지향점이 되었습니다. 다음 정부는 다시 '동북아시아'로 되돌아왔습니다. 왜 이렇게 바뀌어야 하는지, 이러한 변화가 우리 외교 역량이나 국익에 어떻게 관련되는지, 이렇게 함으로써 우리 외교 현장에는 어떤 문제가 생기는지, 이런 것들에 대해 우리 국민들이 이해할 만한 설명은 언제나 부족했습니다.

동남아국가연합(ASEAN)은 무역과 투자에서 우리의 제2위 대상 지역이고, 우리나라 사람들이 가장 많이 방문하는 곳이기도 합니다. 따라서 ASEAN 소속 사람을 만나면, 우리는 'ASEAN과의 관계가 중요하다'고 말합니다. 이것은 진심에서 우러난 말입니다. 그러나 듣는 쪽은 반신반의합니다. 그리고 한국이 변했다고 합니다. 이들은 1990년대 ASEAN이 10개 회원국으로 확대되고 한국, 중국, 일본과 함께 'ASEAN+3'를 만드는 과정에 한국이 창의적으로 기여한 사실을 기억합니다. 1998~1999년 한국이 동아시아비전그룹(EAVG)을 만들어 동아시아 공동체 발전을 주도했다는 사실도 기억합니다. 그러다가 한국이 갑자기 동북아로 방향을 바꾸면서 ASEAN에 대한 관심이 식어간 것 역시 기억합니다. 우리의 ASEAN 정책에 일관성이 없다고 지적하는 것입니다. 신뢰는 한 번 손상되면 회복하는 데 시간이 오래 걸리기

한국의 불행한 대통령들

마련입니다. 현 정부가 신남방 정책으로 ASEAN 관계 강화에 나서면서 우리를 보는 ASEAN의 시선이 나아지고는 있지만, 아직도 속으로는 '좀 더 지켜보자'는 태도로 다음 정부의 정책을 기다리고 있을 것입니다.

남북 관계로 오게 되면 문제는 매우 심각해집니다. 역대 정권이 모두 남북 관계의 틀을 바꾸겠다고 달려들었지만, 보수냐 진보냐에 따라 북한을 보는 시각에는 하늘과 땅만큼 차이가 있습니다. 북한은 '없어져야 할 적'에서 '더불어 살아가야 할 형제' 사이를 오갔습니다. 그러면서 우리 정책도 '제재와 압박'에서 '화해와 협력' 사이를 오갔습니다. 어떻게 북한 주민과 북한 정권을 분리해서 볼 것인가, 어떻게 하면 북한 정권이 남한의 5년 단임 정권과 장기적인 관계 개선에 나서도록 할 수 있는가, 등등에 대해서 깊은 고민을 한 흔적은 부족한 듯합니다.

우리의 역량이나 상대의 입장에 대한 고려 없이 만들어지는 공약, 그리고 일관성이 부족한 외교는 국내적으로는 대립과 혼선을 불러오고, 대외적으로는 국가의 신뢰 약화와 자원의 낭비로 이어지게 됩니다. 국가를 운영할 때 그렇지 않은 분야가 어디 있느냐고 반문할 수도 있지만, 남북 관계나 국제 관계는 상대방에 미치는 파장이 매우 큽니다.

산의 정상에 오르기 전에는 다른 산의 정상이 보이지 않습니다. 국가 사이의 일을 다루는 외교 역시 그러할 수 있습니다. 대통령이라는 위치에 올라간 후에야 외교가 보일지도 모릅니다. 그럼에도 불구하고 대통령이 되면 외교라는 '큰일'이 기다리고 있다는 것과, 그 일이 잘못되면 다른 국정 과제 실현도 어려워질 수 있다는 점을 미리 생각한다면, 나중에 '큰일'이 닥쳤을 때 더 잘 준비된 입장에서 감당해 나가기가 쉬울 수 있지 않을까 합니다.

대통령은 당선되는 순간부터 외교 활동의 한가운데로 뛰어들게 됩니다. 우리나라를 찾아오는 외국 주요 인사를 만나고, 국가를 대표해 외국을 방문합니다. 해외에 나가면 최고 지도자로 최상의 환대를 받습니다. 그러나 이것은 결코 휴식이나 관광을 위한 유람이 아닙니다. 최고 지도자들이 국익을 걸고 겨루는 한판 승부입니다. 예를 들어 노무현 대통령에게 미국과의 만남은 '힘겨루기'였습니다.

미국과 상당히 힘겨운 줄다리기를 해야 했습니다. (중략) 힘들었습니다.[16]

이명박 대통령 역시 2008년 4월 취임 후 첫 해외 출장으로 미국을 방문하면서 "내 입장에서 이번 회담은 외교적 역량을 평가받는 첫 시험대였다"라고 회고했습니다.[17] 여러 나라 정상이 한자리에 모이는 다자 간 정상회의는 각국의 최고 지도자만 가입하는 VVIP 클럽에서 다면평가를 받는 시간이라 볼 수 있습니다.

한국의 불행한 대통령들

그날 회의는 취임 후 처음으로 참석한 다자 간 정상회의인 데다 세계를 좌지우지하는 G-8 국가 정상들의 모임이었다. 나로서는 긴장되는 자리가 아닐 수 없었다.[18]

외교는 힘겹습니다. 어쩔 수 없는 현실 정치의 벽이 있습니다. 국제 사회에는 중앙 정부가 없습니다. 국내에는 도둑과 강도가 있을 때 그것을 막거나 처벌하는 경찰과 법원이 있지만, 국제 사회에는 힘이 센 나라가 약한 나라를 괴롭혀도 막을 방법이 없습니다. 소위 '무정부 상태'라 할 수 있습니다. 이것을 두고 영국의 정치철학자 토마스 홉스는 '만인에 대한 만인의 투쟁'이라고 불렀습니다. 국내 정치와 국제 정치의 이러한 본질적 차이는 국가 사이의 소통이 활발해지고 교류가 빈번해진다고 해서 바뀌는 것이 아닙니다. 국내에서라면 지도자가 실수하고 정책에 실패해도 우리끼리 대책을 만들고 해결할 수 있습니다. 2004년 3월 국회는 노무현 대통령을 탄핵했고, 같은 해 5월 헌법재판소가 이를 기각했습니다. 2016년 12월 국회는 박근혜 대통령을 탄핵했고, 이듬해 3월 헌법재판소가 이를 인용했습니다. 아무리 첨예한 정치적 대립이라 해도 국내에서는 헌법이 정하는 절차에 따라 이를 처리할 수 있습니다.

그러나 국제 사회는 그렇지 않습니다. 국제 사회는 누가 누구를 강제할 수 없는, 동등한 주권을 가진 국가들로 구성됩니다. 유엔안전보장이사회가 세계 평화를 유지해야 하지만, 거부권을 가진 미국, 중국, 러시아, 영국, 프랑스의 5개 상임이사국이 평화 파괴 행위를 한다면 저지할 방법이 없습니다. 국제법 체계가 있어도 어디까지나 상호 동의를 전제로 합니다. 일본이 독도 문제를 국제사법재판소(ICJ)에 가져가려고 해도 우리가 거부하면 할 수 없습니다. 모든 국가는 자기 국민에 대한 보호권이 있지만, 상대방 국가가 응해주지 않으면 권한을 행사할 방법이 없습니다. 상대 국가가 거부하는데도 보호권을 행사하려면 무력을 써야 합니다. 바로 전쟁입니다.

국제 사회에서는 분쟁을 해결하는 방법으로 폭력을 사용하는 전쟁이 실제로 일어나고 있습니다. 인류가 두 차례 세계대전의 참상을 겪기 전까지만 해도, 전쟁은 국제 사회의 대립을 해소하는 합법적인 수단으로 인정받았습니다. 미국 서부 영화를 보면, 무법자들이 거리에서 권총으로 대결합니다. 한쪽이 총에 맞아 죽습니다. 장의사가 나타나 죽은 사람을 싣고 말없이 사라집니다. 마을 사람들은 구경만 합니다. 합법적으로 살인이 인정되고 있는 것입니다. 한때는 국가 간의 관계도 그러했습니다. 전쟁법이라는 것도 있었습니다. 총알을 만들 때 납을 사용하지 말아야 한다는 규정도 있었습니다. 납으로 만든 실탄이 불필요한 고통을 주기 때문에 최소화하자는 인도적인 차원의 취지였습니다. 그러나 지금은 유엔헌장이 무력의 위협이나 사용을 원칙적으로 금지합니다.[19] 정당방위가 아닌 한 모든 무력행사는 금지됩니다. 그러나 전쟁은 중동, 남아시아, 아프리카 여러 곳에서 일상처럼 일어나 곤 합니다.

외교는 국제 사회의 갈등을 힘으로 해결하기 전에 대화를 통해 조정하는 과정이기도 합니다. 대화에 성공하면 무력으로 충돌할 필요가 없습니다. 그러나 대화에 실패하면 힘으로 결정하게 됩니다. 물리적인 충돌은 너무나 비참합니다. 국제 뉴스로 전달되는 생생한 영상을 통해 시리아 민간인들이 겪는 고통을 봅니다. 오래전 우리도 이러한 고통을 온몸으로 겪었습니다. 나라를 빼앗기기도 했고, 뼈아픈 전쟁을 3년이나 계속한 경험도 있습니다. 외교가 전쟁으로 가기 전 단계의 일이라 하여 힘이 쓰이지 않는 것은 아닙니다. 군사력을 제외한 여러 가지 다양한 압박 수단이 쓰입니다.

2000년 봄 중국산 마늘이 국내에 대량 유입되면서 국내 마늘 재배 농가의 피해가 무척 심했습니다. 그해 6월, 우리 정부는 중국산 마늘에 대한 관세를 30%에서 315%로 열 배 넘게 인상했습니다. 세계무역기구(WTO)가 인정하는 안전조치(safe-guard)였지만, 중국은 우리나라 휴대전화 수입을 전면 금지하는 것으로 보복했습니다. 1,500만 달러어치의 마늘과 5억 달러어치의 휴대전화를 놓고 고심한 끝에 우리 정부는 중국의 요구에 백기투항하고 말았습니다. 중국은 2016~2017년에도 사드 배치에 대해 단체 관광 금지와 대중문화 수입 금지라는, 소위 한한령(限韓令)으로 보복을 했습니다. 딱히 중국만 그랬던 것은 아닙니다. 일본 역시 2018년 우리 법원의 징용공 개인 청구권 인정 판결에 대응하여 반도체 핵심 부품 수출 제한 조치를 취했습니다. 미국 역시 여러 형태의 압력을 가합니다. 냉전이 끝난 후 미국이 경제 제재를 외교 수단으로 사용하는 빈도가 많이 늘었습니다. 북한과 이란의 핵미사일 개발에 대한 제재가 대표적인 경우입니다. 동맹국이라고 해서 봐주는 법이 없습니다. 트럼프 대통령은 방위비 분담 협상이 뜻대로 되지 않으니 주한 미군 철수 카드로 압박하려 했습니다. 내가 옳더라도 마음대로 하지 못하는 것이 국제 사회의 실상입니다.

우리나라 대통령들이 외교에서 특별히 많은 부담을 느끼게 되는 운명이라 해도 과언이 아닙니다. 첫째, 우리나라의 지정학적 위치가 만만하지 않습니다. 서쪽에는 세계 최대의 인구와 2위의 경제력을 가진 중국이 있고, 동쪽에는 한때 한반도와 동아시아를 점령했고 지금도 세계 3위의 경제력을 가진 일본이 있습니다. 북쪽에는 세계 최대의 영토와 제2위 핵 전력을 보유한 군사 대국 러시아가 있으며, 세계 패권국인 미국은 우리나라와 일본을 동맹으로 묶어 동아시아 전략의 핵심으로 삼고 있습니다. 한반도는 남북으로 분단되어 있으며, 북한에는 주체사상과 핵무기로 무장한 세습 정권이 3대를 잇고 있습니다. 북한은 고립과 폐쇄로 자력갱생의 어려운 길을 가고 있지만, 과거에는 소련과 중국이, 지금은 중국이 전략적인 측면에서 북한에 대한 지원을 계속하고 있습니다. 그 때문에 북한은 우리와 국제 사회가 제재와 압

한국의 불행한 대통령들

박을 가해도 무너지지 않고 버티고 있습니다. 나아가 세계 12위의 우리 경제는 개방 체제를 기초로 발전해왔습니다. 그 결과 우리 경제의 대외 의존도는 80%를 넘습니다. 우리가 지금의 생활수준을 포기하기로 각오하지 않는 한, 국제 사회가 보편적으로 인정하는 규범이나 질서를 무시할 수 없습니다. 우리의 국가 발전 노선은 북한이 추구하는 '자력갱생'의 정반대 쪽에 위치합니다.

이것이 70년 넘게 이어지고 있는 우리 외교의 현실입니다. 대통령은 동북아의 험한 지정학적 환경에서 국가의 생존을 도모하고 국민의 안전을 지켜야 하며, 개방 체제에서 국가의 번영을 계속 이어갈 책임과 의무가 있습니다. 대통령의 선택은 국가의 안위와 번영에 직결되며, 자신은 물론 국민과 나라의 품격과 위상을 결정합니다. 대통령의 국내 정치적 입지와 국정 과제 추진 동력에도 직접적인 영향을 미칩니다. 몹시 어렵고도 무거운 선택을 해야 합니다.

이라크 파병 문제는, 당시에도 그랬고 지금 생각해봐도 역사의 기록에는 잘못된 선택으로 남을 것으로 생각합니다. 그러나 대통령을 맡은 사람으로서는 회피할 수 없는, 불가피한 선택이었다고 생각합니다.[20]

성공의 장애물

비전과 현실

우리나라 역대 대통령들은 모두 한반도에 항구적인 평화와 안정을 가져오고 남북 관계를 해결하겠다는 비전을 밝히며 임기를 시작했습니다. 그러나 70년 분단사를 돌아보면, 전임자에게서 물려받은 것보다 나은 남북 관계를 후임자에게 물려주는 것은 결코 쉬운 일이 아니었습니다. 그러나 아주 성과가 없었던 것은 아닙니다. 1972년의 7·4 공동성명까지 거슬러 올라가지 않더라도, 1991년 남북화해불가침 및 교류협력에 관한 합의, 2000년 6·15 공동선언, 2007년 10·4 공동선언, 2018년 판문점 선언과 평양 공동선언이 있었습니다. 그렇지만 이러한 성과들이 아직 구체적인 모습으로 손에 잡히지는 않습니다. 제약 요인들이 존재합니다. 대통령 재임 5년 동안 인구, 자원, 기술 등

한국의 불행한 대통령들

우리의 역량을 결정하는 구성 요소는 눈에 띄게 달라지지 않습니다. 최근 우리나라 경제 성장률은 2~3%에 불과합니다. 5년치를 모아도 10~15%입니다. 향후 전망도 이보다 낫지 않습니다. 또한 우리의 지정학적 위치와 주변국들의 역량은 우리 마음대로 바꿀 수 있는 것이 아닙니다.

　남과 북의 현실을 보겠습니다. 해방 후 미국과 소련이 38선으로 갈라놓았을 때, 우리는 그것을 거부할 힘이 없었습니다. '우리 민족끼리' 해결할 수 없었고, 결국 나라는 쪼개지고 말았습니다. 그리고 남과 북은 각자 다른 발전 노선을 택했습니다. 남한은 자유와 인권을 중심 가치로 하는 열린 사회로 발전해왔고, 북한은 주체사상을 기치로 세습 독재 체제를 구축해왔습니다. 남한의 경제는 시장과 개방을 바탕으로 하고, 북한은 자력갱생을 원칙으로 합니다. 냉전 시대가 종식된 후에도 북한의 정치와 경제는 근본적인 변화를 보이지 못하고 있습니다. 김정일 위원장은 소련 멸망의 원인이 일시적 난관 앞에서 사회주의 혁명의 원칙을 포기했기 때문이라 주장했으며, 사회주의와 다원주의는 양립할 수 없다고 잘라 말한 바 있습니다.

　사회주의 사회에서는 이른바 다원주의가 허용될 수 없습니다. (중략) 사회주의는 집단주의에 기초한 사회이며 인민대중의 통일을 생명으로 하는 사회이므로 사회주의와 다원주의는 양립할 수 없습니다.[21]

지금의 남과 북은 사상, 정치, 경제, 사회, 문화 등 모든 면에서 비슷한 점을 거의 찾기 어렵습니다. 같은 민족이라 하지만 과연 그런가 싶을 정도로 차이가 큽니다. 남과 북이 만나서 통일을 이야기하기는 하나, 과연 어떤 방식의 통일을 해야 하는지에 대해서도 판이하게 의견이 다릅니다. 북한은 자유민주주의와 시장경제가 작동하는 통일을 '흡수 통일'이라고 거부하며, 남한은 주체사상과 계획경제가 작동하는 북한 주도의 통일을 절대 수용할 수 없습니다. 남과 북 모두 '통일'이라는 단어를 사용하지만 그 뜻은 전혀 다릅니다. '같은 민족이니 함께 살아야 한다'는 말에 얼마나 많은 우리 국민이 수긍할까요? 남과 북이 비교적 좋은 분위기에서 대화를 시작한다 하더라도 한 꺼풀만 더 들어가면 구조적으로 갈등을 피하기 어렵습니다. 남북 사이의 이런 차이를 무시하거나, 무작정 희망적이고 낙관적인 사고에 기초한 통일 구상은 실현될 수도 없을 뿐 아니라, 남남 갈등은 물론 남북 불신의 원인이 될 수 있습니다.

　또한 한반도 주변에는 우리보다 큰 나라들이 포진하고 있습니다. 이들은 한반도에 관해 서로 조화되기 어려운 이해관계를 갖고 있습니다. 중국이 한반도 전체를 영향권에 넣으면 일본이 심각해집니다. 일본이 한반도에 영향력을 확장하면 중국이 민감한 반응을 보입니다. 한반도는 일본의 머리를 내리치려는 망치이며, 중국의 목을 겨누는 비수와 같다는 말이 있습니다. 1970년 키신저 박사가 베이징을 비밀

　한국의 불행한 대통령들

리에 방문하여 저우언라이(周恩來)와 회담했을 때, 중국이 가장 크게 우려한 것은 '미국이 빠져나간 빈자리를 일본이 채우지 않을까'였습니다. 이들에게는 한반도가 적대 세력의 손에 들어가지 않도록 해야 한다는 전략적인 고려가 무엇보다 강합니다.

무엇보다 중요한 것은 70년의 참담한 경험 후에도 그리고 지금까지 유무형의 수많은 희생을 치르고도 한반도는 여전히 전운이 감도는, 세계에서 가장 위험한 지역의 하나로 남아 있다는 사실이다. (중략) 한반도의 위기는 바로 세계의 위기로, 남북한 간의 갈등은 바로 초강대국 사이의 중요 문제로 부상한다.[22]

동북아시아 강대국 사이에 놓인 지정학적 위치는 우리가 선택한 것이 아닙니다. 어느 날 갑자기 한 사람의 외교 천재가 나타나서 이것을 바꿀 수 있는 것도 아닙니다. 어떤 정권이 들어서든, 누가 대통령에 당선되든, 우리 외교가 운신할 공간을 제약하는 약점입니다.

결국 역대 대통령의 비전에는 공통적인 문제가 있었습니다. 할 수 있는 일과 할 수 없는 일, 해결할 문제와 관리할 문제가 구분되지 않았다는 점입니다. 대통령에 당선되기 위해서는 '할 수 있다'는 것을 국민에게 보여줄 필요가 있습니다. 또한 대통령이라는 최고의 자리에 오르는 순간, 무슨 일이든 할 수 있는 것처럼 느낄 수도 있습니다. 그러나 나라 밖으로 한 발자국 나서는 순간, 대통령은 국제 정치의 험한 정글 속에 홀로 서게 됩니다. 우리와는 달라도 너무 다른 북한을 상대로 씨름하며 5년이라는 시간이 흘러갑니다. 권력과 정치적 입지도 점차 약해지게 됩니다.

> 한반도 분쟁과 평화의 직접 당사자이면서도 전혀 주도권을 행사할 수 없는 모순적 상황 때문에 5년 내내 심한 가슴앓이를 했습니다.[23]

단기간에 해결할 수 없는 문제를 급하게 해결하겠다고 나서면 당연히 무리가 따르고 좌절을 겪게 됩니다. 한반도 문제에 관한 한, 기대치를 합리적인 수준으로 조절하는 것은 늘 어려운 과제였습니다. 역대 정부의 대북 정책 가운데 가장 잘 기획되었다고 할 수 있는 김대중 대통령의 햇볕정책도 북한의 생존 본능과 미국 패권의 벽을 넘지 못했습니다. 오히려 대통령이 실망하고 분노하는 요인이 되고 말았습니다.

정상 간 친분과 국가 이익

우리는 정상회담을 기획하고 평가할 때, '정상 차원의 친분 강화'라는 말을 많이 씁니다. 국가 정상들이 만나 가까워지면 두 나라 사이가 좋아지고 국민도 혜택을 볼 수 있다는 이야기입니다. 최고 지도자들이 만나 화합하는 느낌을 얻고, 그것이 두 나라 간 관계에 긍정적으로 작용한다면 무척 다행스러운 일이겠지만, 과거의 사례를 볼 때 이는 쉽지 않은 듯합니다.

2008년 5월 이명박 대통령은 중국을 방문하고 돌아오는 길에 쓰촨성(四川省) 지진 현장을 방문했습니다. 그에 앞서 열린 정상회담에서 중국 후진타오 주석은 "고난이 있을 때 진정한 정리(情理)를 볼 수 있습니다"라고 감사를 표했습니다.[24] 그러나 그뿐이었습니다. 2년 후인 2010년, 천안함 사건이 일어났을 때 원자바오 총리가 서울에 왔지만 "어느 쪽도 비호하지 않겠다"는 말만 남기고 돌아갔습니다. 같은 해 11월 북한의 연평도 포격 때문에 방한한 다이빙궈 국무위원 역시 '모든 관련국의 냉정과 자제를 촉구한다'라고만 했을 뿐입니다. 포격으로 민간인 2명과 군인 2명이 희생된, 북한의 책임이 명백한 사건이었는데도 중국은 중립적 자세를 고수했습니다.

이명박 대통령은 2011년 5월 한중일 정상회담 차 일본을 방문했을 때 '이웃 국가 대통령으로서 일본 국민을 위로하는 것이 도리'라고 하면서, 일본의 요청을 받아들여 후쿠시마 피해 현장을 방문했습니다. 그러나 다음날 정상회담에서 일본 측은 독도 문제를 거론하겠다고 하여 이명박 대통령을 놀라게 했습니다.[25] 교과서 개정과 독도 문제로 악화되던 한일 관계는 2012년 8월 이명박 대통령이 대통령으로서는 사상 처음으로 독도를 방문하면서 파탄이 나고 맙니다. 2015년 박근혜 대통령은 시진핑 주석과 함께 천안문 망루에서 인민해방군을 사열하는 '망루 외교'를 펼쳤습니다. 그러나 이듬해 북한이 4차 핵실험을 했을 때, 시진핑 주석은 박근혜 대통령의 전화를 받지 않았습니다. 정상 차원에서 이루어지는 호의적인 제스처가 결코 국가 이익을 넘어서지 못한다는 것을 보여주는 사례들입니다.

최고 지도자의 성격과 인품, 가치관, 스타일이 외교에 얼마만큼 영향을 미칠 수 있는가에 대해 우리 전임 대통령들의 평가는 저마다 다릅니다. 이명박 대통령은 국가 지도자 사이의 개인적인 친분 형성이 가능하다고 보았고, 그것이 외교 현장에서 위력을 발휘한다고 주장했습니다.

> 캠프 데이비드 회담은 가시적인 성과 이외에도 부시와의 우정이라는, 보이지 않는 더 큰 성과를 거두었다. 겪어보니 부시는 자상하고 인간미 넘치는 사람이었다. (중략) 국가 간의 외교 관계는 국익이 최우선이다. 냉정하고 이성적인 판단이 요구된다. 그러나 정상 간에 다져진 신뢰와 우정은 어려운 일도 쉽게 풀 수 있는 실마리가 된다.[26]

이명박 대통령은 오바마 대통령과도 '형제의 정'을 나누었다고 회고했습니다.[27] 그러나 노무현 대통령의 시각은 달랐습니다.

국가 지도자들 사이에 소위 정치적 협상을 하는 자리에서는 개인의 스타일이 중요한 것이 아니고 정치적 상황이 가장 중요합니다. 결국 서로 원하는 것이 무엇이며 실현 가능한 것은 어디까지인가 하는 것에 대해 워낙 객관적 상황의 제약이 많기 때문에, 스타일을 가지고 협상 결과에 대한 기대와 결부시키는 것은 그냥 재미로 하는 이야기라고 생각합니다.[28]

김대중 대통령은 자기 확신이 무척 강했습니다. 지금은 대체로 2001년 3월의 한미 정상회담이 실패였다는 것에 의견 일치가 이루어져 있지만, 당시 김대중 대통령은 부시 대통령을 설득할 자신이 있었던 것으로 보입니다. 돌이켜보면, 그때 취임 직후의 부시 대통령이 어떤 외교 정책을 구상하고 있는지, 선거 과정에서 중국을 '경쟁자'로 규정했던 부시 대통령의 본심이 무엇이며 김정일 위원장에 대한 인식은 어떠한지, 차라리 이런 실용적인 것들을 알아보려는 자세로 접근했으면 결과가 어떠했을까 하는 아쉬움이 남습니다. 김대중 대통령은 2002년 10월 부시 대통령이 제임스 켈리 국무부 동아태차관보를 평양에 특사로 보낼 때도 "부시 대통령이 북한과 대화를 적극적으로 모색한다고 믿었다"고 회고했습니다.[29]

1년 전 정상회담에서 큰 좌절을 겪은 기억이 남아 있다면, 이때 부시 대통령의 속내를 더 철저하게 가늠해보려 했을 법한데, 김대중 대통령은 그러지 않았거나, 혹은 그러지 못했던 듯합니다. 국내에서 최고의 자리에까지 오른 분이 국제 정치에서는 의외로 상대를 쉽게 생각했거나 보고 싶은 것만 보았을 수도 있습니다. 햇볕정책도 역시 그런 면이 있었습니다. 북한으로서는 햇볕정책을 받아들이고 남북 교류를 하는 것이 세습 정권을 안에서부터 붕괴시키는 길이라고 우려했을 가능성이 있습니다. 김정일 위원장은 생전에 측근들에게 "햇볕은 대포보다 무섭다"고 했고, 리종혁과 송호경에게 '햇볕정책 대책'을 세우도록 지시했다고 합니다.[30]

앞서 언급했듯 김대중 대통령은 김정일 위원장의 서울 답방을 무척 기다렸습니다. 2002년 봄 임동원 특사가 평양에 갔다 돌아와서 김정일 위원장의 답방이 어려운 것 같다고 전했습니다.

오전 10시 임 특사는 청와대로 들어와 방북 결과를 설명했다. 그의 보따리는 두툼했고, 얘기를 듣고 있으니 기분이 좋아졌다. 남북 관계에도 해갈의 단비가 내렸다. 그러나 김 위원장의 서울 답방에 대한 확답이 없었다. 그것이 아쉬웠다.[31]

김정일 위원장은 부시 대통령 당선으로 미국의 상황이 달라졌고 남한도 '6·25 전쟁과 KAL 폭파에 사죄하라'고 하는 등 답방을 환영하지 않는 분위기가 있어 부담스럽다며, 서울로 가는 대신 러시아 이르쿠츠크에서 만나자고 제의했습니다.[32] 김대중 대통령은 이 제안을 수락

할 수 없다고 보았습니다. 답방 약속은 지켜져야 하고, 그것은 굳이 서울이 아니더라도 남쪽 땅이어야 한다는 생각이었습니다. 또한 김정일 위원장은 이듬해 1월 김대중 대통령이 임기 마지막에 보낸 임동원 특사를 끝내 만나주지 않았습니다.

> 나는 크게 실망했다. 임기 말 나를 대신해 찾아간 특사를 만나주지도 않은 것에 화가 났다.[33]

김대중 대통령에게는 6·15 공동선언으로 물꼬가 터진 남북 관계 개선의 흐름이 끊어지지 않게끔 하려는 개인적, 역사적 염원이 있었을 것입니다. 김정일 위원장 역시 그것을 몰랐을 리 없습니다. 그러나 사회주의권이 통째로 무너지는 탈냉전기에 국가와 정권, 집안의 생존에 위협을 느끼면서 주체사상과 자력갱생을 붙들어야 했던 김정일 위원장의 고민은 김대중 대통령의 짐작보다 훨씬 더 깊었을지도 모릅니다.

한 나라가 처한 지정학적 위치, 인구, 경제 규모, 과학기술의 발달 정도, 부존자원은 대체로 고정되어 있습니다. 바뀌더라도 시간을 두고 천천히 바뀌기 마련입니다. 따라서 혁명적인 체제 변화가 아니라면, 일반적인 정권 교체에 따라 외교 정책이 획기적으로 변화할 여지는 크지 않습니다. 또한 각 나라의 최고 지도자는 치열한 경쟁과 투쟁을 거쳐 그 자리에 올랐습니다. 자기 나라의 정치, 경제뿐 아니라 국제 문제에 대해서도 일정한 문제의식과 해결 방안에 대한 나름의 의견을 갖추고 있습니다. 또한 자기 나라의 이익이 무엇인지에 대한 생각도 지니고 있을 것입니다. 그러므로 타국의 지도자와 만나 몇 시간 이야기를 나눈다 해서 각별한 친분이 생긴다거나, 또 그에 따라 외교의 방향을 바꾼다거나 하기는 쉽지 않을 것입니다. 우리도 상대방도 모두 나름의 계획이 있을 것이기 때문입니다.

정치와 외교

우리 정치에서 점점 더 보수와 진보 간 갈등의 골이 깊어가고 있습니다. 그런데 이에 비례하여 외교도 점차 정치화되고 있습니다. 대북 정책과 대미 정책의 대립과 갈등은 보수와 진보의 대결 그 자체가 되고 있는 양상입니다. 시사 토론을 보면, 양쪽이 서로 거울을 마주한 것 같습니다. 진보 측 인사는 대부분 '미국이 문제다'라는 인식을 보일 뿐, 북한에도 문제가 있다는 점을 인정하지 않는 경우가 많습니다. 보수 측 인사는 '북한이 문제다'라는 인식을 보일 뿐, 미국에도 문제가 있을 수 있다는 점을 외면합니다. 미국이 모든 점에서 옳을 리 없고, 북한도 모든 점에서 틀릴 수 없습니다. 진실은 그 중간 어딘가에 있을 것입니다. 토론이라 해도 각자의 주장이 있을 뿐, 논리로 다투는 토론은 보이지 않습니다. 언론도 토론의 장을 제공하는 데 존재 이유를 찾는 게 아니라, 스스로 한 진영의 편에 서서 참여하는 경우가 종종 보입니다.

북한과 미국뿐만 아니라 최근에는 중국과 일본에 관한 입장도 정치화되고 있습니다. 이는 국가 이익의 관점에서 매우 우려스러운 일입니다. 패권 경쟁으로 치닫는 미국과 중국 사이에서 우리는 어느 한쪽도 마음 편하게 선택할 수 없는 입장입니다. 일본 제국주의가 과거 한반도를 침탈한 역사는 기억해야 하지만, 지금의 일본이 동북아 세력 균형의 한 축을 차지하고 있다는 것도 무시할 수 없는 사실입니다.

외교의 정치화는 진보와 보수 모두에게 피해를 줍니다. 집권했을 때를 생각하면 외교의 정치화는 무조건 손해입니다. 북한이라면 다음 정권의 향방을 모르면서 현 정권과 거래하는 데 과연 '올인(all-in)'하겠습니까? 북한에는 통일을 추구하는 남한이라는 존재 자체가 위협입니다. 진보 정권이라고 덜 위협적인 것이 아닙니다.

한미 관계에서도 사정은 비슷합니다. 2007년 한미 양국은 주한미군사령관이 행사해온 전시작전통제권을 2012년부터 한국군이 행사한다는 데 합의했습니다. 그러나 2010년과 2014년 두 차례에 걸쳐 '조건이 갖추어질 때'까지 합의 이행을 연기하기로 했습니다. 2017년 들어온 새 정부는 임기가 끝나기 전에 조건을 갖추기 위해, 즉 전시작전통제권을 전환하기 위해 애쓰고 있습니다. 이러한 잦은 합의 변경은 미국에도 부담일 것입니다. 트럼프 대통령이 주한미군을 철수할수 있다고 돌출 발언을 하면 우리가 좋아하지 않듯이, 미국도 한미 동맹이 안정된 상태로 이어지기를 원합니다. 2008년 한미 방위비 분담금 협상을 할 때, 미국은 분담금 액수를 늘리는 것보다 협정 유효 기간을 늘리는 데 더 관심이 큰 것을 보았습니다. 미국은 장기 계획을 세우고 안정적으로 사업을 추진할 수 있다는 이점을 크게 생각한 것입니다. 이렇게 신뢰와 예측 가능성은 동전의 양면과 같은 것입니다.

우리가 우리나라 안에 있을 때는 진보와 보수, 호남과 영남이 있을 수 있지만, 밖으로 나가면 그냥 '대한민국'입니다. 다른 나라들이 보기에, 5년마다 이루어지는 우리나라의 정권 교체는 헌법 절차에 따른 우리의 권력 승계 방식일 뿐입니다. 다른 나라들은 우리나라에서 보수가 집권하든, 진보가 집권하든, 영남이나 호남 정권이 들어서든 별 관심이 없습니다. 새로운 정부의 출범을 예의를 갖추어 환영할 뿐, 그것이 자기 나라와의 관계에 특별한 변화를 가져오지 않는 한 개의치 않습니다. 당장 집권이 급한데, 어떻게 집권 후의 일까지 생각하느냐고 반문할 수 있습니다. 그러나 이것이야말로 정치인의 안목과 역사의식이 빛을 발하는 부분입니다. 제2차 세계대전 후 신생 오스트리아의 초대 총리를 지낸 레오폴드 피글은 '최선의 외교 정책은 국민의 합의'라고 했습니다. 1945년 선거에서 피글이 이끄는 인민당(OPP)은 총투표의 49.8%와 165개 의석의 절반이 넘는 85석을 확보했습니다. 단독 정부를 구성하기에 충분했지만, 피글은 76석의 사회당과 4석의 공산당까지 포함하여 '대연정(Grand Coalition)'을 구성했습니다. 이렇게 하여 오스트리아 정치의 고질병이던 파벌주의를 극복할 수 있었고, 10년 뒤 오스트리아가 미국, 영국, 프랑스, 소련의 4개국 분할 점령을 끝내고, 독일과는 달리 하나의 통일된 주권국가로 독립하고 중립국의 지위를 얻는 바탕을 만들었습니다. 외교에 관한 한, '초당주의(bipartisanship)'가 답입니다.[34]

대통령의 해외 순방

정상 외교는 외국 정상이 우리나라를 방문하는 경우와, 우리 정상이 외국을 방문하는 경우로 나뉩니다. 다른 나라 정상이 우리나라를 방문하면 우리 대통령이 한 번의 정상회담과 오찬, 만찬 등을 함께하면 되므로 간단합니다. 그러나 타국을 방문하게 되면 대통령의 시간과 자원이 많이 소요됩니다. 방문은 여러 나라 정상들이 한자리에 모이는 '다자 회의'와, 특정한 나라를 개별적으로 찾아가는 '양자 방문'으로 나뉩니다. 교통과 통신의 발달로 나라와 나라 사이가 가까워지고 범세계적 이슈가 많아짐에 따라, 다자 회의가 자주 열립니다. 한꺼번에 여러 정상이 모이는 자리이므로 우리도 특별한 사정이 없는 한 참석합니다.

양자 방문은 다자 회의와 달리 특정 국가와의 관계를 관리하기 위한 것입니다. 다자 회의가 핵 안전이나 경제, 기후 변화 등의 특정 현안을 논의하는 데 비해 양자 방문은 서로 상대 나라와의 관계를 고려한 의제와 일정을 준비합니다. 국가를 대표하는 상징성이 깊이 녹아든 행사도 준비됩니다. 대통령의 해외 방문에 가장 많이 소요되는 자원은 '시간'입니다. 오가는 여정뿐 아니라 도착해서 떠날 때까지 정상 간 단독 회담, 확대 회담, 기자회견, 오찬 또는 만찬을 기본으로 하여 방문국의 정치, 경제, 사회, 문화계 인사를 만나고 재외 국민과 동포까지 만납니다. 어느 하나 빼놓기 어렵습니다. 비행기를 타고 장거리를 가니 한 번 나갔을 때 몇 나라를 방문합니다. 그래서 대통령의 해외 출장을 '순방(巡訪)'이라 부릅니다.

대통령이 얼마만큼의 해외 순방 일정을 잡느냐는 것은 매우 중요합니다. 역대 대통령의 해외 출장 횟수를 보면, 노태우 12회, 김영삼 14회, 김대중 24회, 노무현 28회, 이명박 49회, 박근혜 25회였습니다.[35] 이명박 대통령의 순방은 대략 한 달에 한 번 꼴이었습니다. 국내에서 국회를 상대하고 국민과 소통해야 하는 일을 생각하면, 이렇게 많은 시간을 해외에서 보내도 괜찮은지 다소 의문이 듭니다. 통신의 발달로 해외에서도 일할 수 있다고는 하지만, 아무래도 해외에서는 국내 문제에 대한 집중력이 떨어지기 마련입니다.

그럼 국내 일이 바쁘면 안 나가면 되지 않느냐? 그리 간단치 않습니다. 대통령이 초청받는 다자 회의는 매년 9월에 열리는 유엔총회, 10월과 11월에 열리는 아시아태평양경제협의회(APEC), ASEAN 회

담과 같이 열리는 ASEAN+3(한국, 중국, 일본) 회담과 동아시아정상
회의(EAS), 그리고 주로 연말에 개최되는 한중일 3국 정상회의가 있
습니다. 아시아와 유럽에서 2년 주기로 열리는 아시아유럽정상회의
(ASEM)도 있습니다. 그 밖에 우리가 정상급의 참석을 검토하는 회의
로는 중국이 주최하는 일대일로(一帶一路) 정상회의, 러시아가 주최하
는 동방경제포럼, 세계 경제의 새로운 추세를 논의하는 다보스포럼
등이 있습니다. 이런 다자 회의에 참석하다 보면, 매년 최소 2~3회의
해외 출장을 반드시 가야 합니다.

　여기에 우리나라가 우호 관계를 강화해야 할 나라들과 양자 차원
의 교류도 필수적입니다. 우리나라 대통령은 임기 동안 미국, 중국, 일
본, 러시아를 적어도 한 번은 들릅니다. 유럽에는 유엔안보리 상임이
사국인 영국과 프랑스가 있고, 강대국 독일이 있습니다. 동남아에는
ASEAN 10개국이 있고, 호주와 뉴질랜드도 빼놓을 수 없는 우방국입
니다. 떠오르는 대국 인도도 무시할 수 없습니다. 임기 5년 동안 이들
나라에 들르는 것만으로도 시간이 훌쩍 갑니다. 대통령은 나라를 상
징하는 인물인 만큼, 가능한 한 많은 나라를 방문하여 해당 국가와 우
호 협력을 강화하고 해외 동포들에게 힘을 실어줄 의무가 있습니다.
그렇다고 국내 업무를 제쳐둘 수도 없습니다. 따라서 대통령의 시간
소모를 최소화할 수 있도록 효율적인 해외 방문 계획을 짜는 것이 매
우 중요합니다. 그러기 위해서는 되도록 실무 방문으로 순방을 추진

하는 방안을 생각할 수 있습니다. 몇몇 예외를 제외하고는 회담과 오찬 정도만 하는 초단기 방문을 계획할 수도 있습니다. 1주일에 6~7개국을 소화하도록 계획을 짠다면 그만큼 대통령의 시간을 절약할 수 있을 것입니다. 수행원과 수행기자단도 줄일 수 있습니다.

앞으로는 대통령뿐만 아니라, 전반적인 해외 출장 관행에 많은 변화가 있을 것입니다. 2020년 전 세계를 덮친 코로나 19 바이러스는 비대면으로도 많은 일을 할 수 있다는 것을 보여주고 있습니다. 그동안 행정부는 물론 입법부, 사법부, 지방의회, 공기업이나 단체에서 감사, 견학, 시찰 등의 명목으로 이루어지던 해외 출장이 실제 필요해서 이루어지는 것인지, 아니면 효용성에 대한 판단 없이 관행적으로 이루어진 것인지, 전반적인 검토가 있어야 할 것으로 봅니다.[36]

마무리

우리나라에서 대통령은 국가원수이자 행정부 수반으로서 외교에 대한 권한을 갖고 그 책임 역시 지게 됩니다. 국가를 상징하고 대표하는 역할인 만큼, 외교에서 대통령의 '제왕'적 측면을 '형식'으로 보여주는 면이 없지는 않습니다. 외국 정상의 방한이나 우리 대통령의 해외 순방에서 볼 수 있는 엄정한 의전 행사가 이런 특징을 잘 보여줍니다.

그러나 외교에서 대통령을 좌절하게 만드는 것은 '형식'이 아닙니다. 그것은 힘과 힘이 부딪히는 '현장'입니다. 그것이 외교의 실제입니다. 지금까지 우리나라 역대 대통령들은 비교적 준비되지 않은 상태로 외교와 부딪혔습니다. 대통령에게 외교 현장은 비교적 생소하고 어려운 곳이었습니다. 국제 정치의 파도가 사정없이 덮치는 순간, 민심은 흐트러지고 국정 과제를 추진할 동력은 약해졌습니다. 하고 싶은 일은 많지만, 5년 임기 안에 할 수 있는 것은 그리 많지 않았습니다.

세기의 권투 선수 마이크 타이슨은 1990년 2월 동경에서 벌어진 타이틀 매치에서 제임스 더글라스에게 10회 KO패를 당한 직후 다음과 같이 말했습니다.

누구에게나 계획은 있지만, 턱을 한 방 맞는 순간, 아무런 생각도 나지 않는다.[37]

트럼프 대통령이 이 말을 아주 좋아한다고 하는데, "상세한 계획을 세워봐야 소용이 없다. 무조건 나가 싸워서 이겨야 한다"는 뜻으로 자주 인용한다고 합니다.[38] 그럴지도 모릅니다. 그러나 그것은 트럼프가 초강대국 미국의 대통령이기에 할 수 있는 이야기가 아닐까요? 우리나라 대통령에게 해당되는 경구로는 적절하지 않은 듯합니다. 우리나라 대통령은 외교에 있어 할 수 있는 한 상세한 계획을 세워야 하며, 그것도 자신의 5년 임기를 넘어서는 일관성과 계속성을 염두에 두어야 할 것입니다. 전임자들의 업적 중에 살려나갈 것은 없는가? 반면교사로 삼을 사례는 어떤 것인가? 후임자에게는 무엇을 물려주어야 하는가? 여기에 답을 내고 실천하기 위해서는 자신의 손발이 되어줄 조직과 인력을 가꾸고 지켜주어야 합니다.

최근 '외교부가 전략을 제시하지 못한다'는 말이 종종 언론에 등장합니다. 물론 바람직한 현상이 아닙니다. 외교 업무의 엄중함을 생각할 때 대통령은 가장 신뢰할 수 있는 사람을 외교부장관에 임명하여 국내 정치 상황에 흔들리지 않으면서 국가의 이익을 최선으로 하는 보좌를 받아야 합니다. 그뿐 아니라 외교부장관은 때로는 소신 있는 이견도 낼 수 있어야 합니다. 그러기 위해 대부분의 국가는 대통령과 호흡이 잘 맞는 사람, 또는 정치적으로 영향력 있는 인사를 외무장관에 임명합니다. 미국에서는 국무장관이 대통령에게 제공하는 조언이 국가의 안위를 위해 꼭 필요한 것이라는 견해가 정착되어 있습니다.

> 국무부는 신중함이나 계속성에 대해 끊임없이 조언하고 그것 때문에 비난도 받지만, 대부분의 경우, 이러한 조언은 우리가 대통령을 바꾼다고 해도 바뀌지 않는 위험한 세계의 실상을 반영한다.[39]

내각책임제를 채택하고 있는 나라에서도 외무장관은 정치적 비중을 가진 인사로 임명하는 경우가 많습니다. 사회민주당과 기독민주당이 정치적 균형을 이루던 독일에서는 자유민주당이 집권의 열쇠를 쥐고 있었습니다. 자민당의 한스디트리히 겐셔 대표는 사회민주당 헬무트 슈미트 총리가 집권한 1974년에서 1982년까지와, 기독민주당 헬무트 콜 총리가 집권한 1982년에서 1992년까지 만 18년을 외무장관으로 지냈습니다. 정권과 정파가 바뀌었지만, 독일의 외교부는 겐셔 장관의 지휘 아래 1970년대의 데탕트에서 1989년 통일로 이어지는 전 과정을 성공적으로 관리했습니다. 여기에 우리가 참고할 시사점이 있습니다.

로버트 게이츠 전 미국 국방장관은 부시 대통령에 의해 2006년에 임명되었고, 오바마 행정부로 바뀐 다음에도 3년간 더 일했습니다. 그런 게이츠 장관이 2007년 사람들을 놀라게 했습니다. 자신이 이끄는 국방부가 아닌 국무부의 예산을 늘려달라고 호소한 것입니다. 그는 "국가 목표를 달성하는 데는 외교로 나타나는 연성국력(soft power)이 군사력(hard power) 만큼이나 중요하다"고 했습니다.[40] 마이클 멀린 미 합참의장 역시 2020년 2월 의회 지도부에 서한을 보내 외교와 개발 원조 예산을 늘려달라고 요청했습니다.[41] 군부를 대표하는 국방장관과 합참의장이 자신들의 부서가 아닌 외교 예산을 늘려달라고 발언한 것입니다. '외교가 잘되면 군인의 생명을 희생시킬 필요가 없다'는 논리입니다.

지금 우리나라의 외교 추진 체계는 큰 규모의 투자가 필요한 상황입니다. 수요에 맞도록 인력과 예산을 확충하고, 조직을 대대적으로 정비해야 할 필요가 있습니다. 외교관들의 자질 향상을 위한 투자 역시 확대해야 합니다. 해외에 오래 상주해야 하는 직업적 특성을 고려하여, 나가고 들어올 때마다 체계적인 직무 연수를 받을 수 있게 해야 합니다. 외교 전략을 기획할 수 있는 규모 있는 연구소를 설립할 필요도 있습니다. 1971년 설립된 한국개발연구원(KDI)은 경제개발 5개년 계획을 통해 우리나라 경제 발전에 지대한 공헌을 했습니다. 이제 외교 전략 분야에서도 한국개발연구원과 같은 국책 연구소를 만들 때가 되었습니다.

우리나라처럼 지정학적 위험이 많고 대외 의존도가 높은 나라가 외교에 대한 투자를 강화하는 것은 반드시 필요한 숙제입니다. 보다 장기적인 시야를 가지고 범정부적 차원에서 외교에 접근해야 합니다. 대통령이 외교 문제로 국정 추진의 동력을 빼앗기는 일이 없게끔 하고, 필요할 때마다 객관적인 선택지에 대한 적절한 조언을 제공받을 수 있도록 지원 체계를 구축해야 합니다. 그것이 우리가 뽑은 대통령이 외교에서 좌절할 확률을 줄이는 길입니다.

앞에서 이야기한 것처럼 우리나라 역대 대통령의 회고록에 나타난 재임 기록의 절반 내지 3분의 2가 외교에 관한 내용으로 채워집니다. 자랑스러운 이야기도 있지만, 많은 것이 좌절에 관한 내용입니다. 물론 그러한 좌절의 경험을 완전히 없애는 것은 불가능할지도 모릅니다. 그래도 노력을 거듭한다면, 조금씩 좌절의 기억 대신 성취의 기억으로 채울 수 있지 않을까요? 아주 조금씩이라도 나아지게 할 수 있지 않을까요? 앞으로는 우리의 전임 대통령들이 회고하는 외교 이야기가 보람과 성취로 가득 채워지기를 기원합니다.

2장

불행한 대통령과 언론

- 문민, 국민, 참여정부

이구

한국 언론과 권력과의 관계

2020년 4월 21일 프랑스 소재 '국경 없는 기자회'에서 발표한 한국의 언론 자유지수는 42위였습니다.[1] 아시아에서는 가장 높은 순위였음에도 불구하고, 한국에서는 언론의 사회적 책임을 강조하고 있는 분위기가 여전합니다. 언론의 사회적 책임은 법제화를 통해서 구체화되어 왔는데, 실제로 박정희 정권의 헌법에서부터 전두환 정권의 언론 기본법, 그리고 노무현 정권의 언론 관계법에 이르기까지 도입된 내용들의 많은 부분이 현재의 각종 언론 관련 법 체계 속에 드러나고 있습니다. 이는 한국의 각종 새로운 언론 관련 규제 사항들이 언론의 사회적 책임 강화를 명목으로 하여 만들어지고 있음을 의미합니다. 언론의 자유를 침해하는 일체의 법률 제정을 금지하는 미국의 수정 헌법 제1조와 비교해볼 때, 한국 대통령이 언론의 자유에 관해 어떻게 인식하고 있는지 잘 나타나는 부분이라 할 수 있습니다.

물론 언론에게 사회적 책임을 요구하는 것은 현재 세계 거의 모든 국가에서 나타나고 있는 현상입니다. 하지만 유독 한국에 언론 자유의 한계와 사회적 책임을 규정한 법과 제도가 많다는 것에는 문제의 여지가 있습니다. 이러한 한국적 현상의 배경에는 법제화 과정에서 사회적 이슈와 관련한 이해 당사자들 간의 타협이나, 여론의 흐름에 따라 새로운 제도가 도입되는 경우가 있기 때문입니다.[2] 특히 입법권을 장악한 세력들이 언론에 영향력을 행사하거나, 자신들에게 유리한 언론 환경을 조성하기 위한 법을 제정하는 것은 군사 정권과 권위주의 시절에 흔히 볼 수 있던 광경이었습니다.

1970년대 이후 한동안 권위주의 지배 체제가 한창일 때, 국민들은 언론의 자유가 권위주의와 독재에 맞서는 데 반드시 필요한 도구라고 분명하게 인식하고 있었습니다. 하지만 언론이 정치 권력과 유착하여 협력하기 시작한 순간부터 국민들의 인식 역시 변화하여, 언젠가부터 오히려 언론을 민주주의 발전의 장애 요소라 여기게 되었습니다. 언론과 정치 권력이 유착함에 따라 언론이 권력을 견제하는 기능은 무력화되었고, 오히려 권위주의 체제의 동반자가 되었습니다. 그뿐만 아니라 정부 정책 시행의 선도자 역을 맡으면서 국민 지도적 기능을 담당하게 되었습니다.[3] 이를 기점으로 하여 한국의 언론은 국가 정책을 지원하고 홍보하는 역할까지 수행하게 되었습니다. 그러한 가운데 언론의 자유를 실천하려고 했던 몇몇 언론인들은 정부의 탄압을 받거나 해직되는 등 큰 괴로움을 겪었습니다. 특히 유신 체제에서 대통령의 긴급조치권은 언론의 자유를 극도로 제한했습니다. 더군다나 보도증 제도가 도입되면서 언론인의 신분은 준 공무원으로 변질되었습니다. 이렇게 언론을 국가에 종속시키려는 시도는 전두환 정권에서 한층 거세어졌으며, 결국 언론은 국가 정책을 자발적으로 지원하고 홍보하는 '관제 언론'이 되고 말았습니다. 언론은 자발적 협력에 대한 반대급부로 산업화와 카르텔화를 정부에게 보장받는 동시에, 재정 지원과 세금 혜택 등을 통한 자본 축적의 기회를 제공받았습니다.[4] 이러한 안정적인 물적 지원을 토대로 언론은 현재 '언론 재벌'이라 불릴 만한 기초를 다져 자립적 대기업화를 이루었습니다.

1987년 6·29 선언 이후, 자유화 과정에서 국가와 자본 등 전통적 지배 세력들의 영향력과 정통성이 약화되자, 이를 계기로 언론은 상대적으로 보다 많은 자율성을 확보할 기회를 얻게 되었습니다. 특히 정치 민주화 과정에서 국가 권력과 상호 이익을 바탕으로 한 지배 연합을 구성하여, 당시 대통령 선거 과정에서 여론조사 및 선거 역사상 처음으로 시행된 TV 토론 등 언론의 전문적 분야에서 많은 영향력을 행사했습니다. 예를 들어 언변이 뛰어난 김대중은 대통령 후보 간 TV 토론의 중요성을 인식하고, 후보로서의 적격성을 널리 알릴 비장의 기회로 간주했습니다. 언론의 위상 변화는 곧 언론인의 위상 변화로 이어졌고, 언론인을 국가 권력의 협조자에서 '권력 엘리트'로 변화

한국의 불행한 대통령들

시켰습니다. 이러한 언론의 권력화는 한국 사회의 급격한 변화 속에서 공고화되고 구조화되었는데, 물론 의도한 바는 아니었겠으나 한국 언론의 권력화에 가장 기여한 세력이 권위주의 체제와 군사 정권이었다는 사실은 아이러니라 할 수 있습니다. 이러한 언론의 권력화는 사회 정의 구현이라는 명분과 거리가 있는 것이 사실이지만, 일면 사회 발전과 언론의 자유를 위해 어느 정도는 받아들여야 하는 현실이기도 합니다.

한국 정치에서 권위주의 체제와 군사 정권에 맞서며 민주화와 인권을 위해 평생을 헌신한 대표적인 인물인 김영삼, 김대중, 노무현 대통령과 언론의 관계는 드라마틱한 면이 있습니다. 언론과 이 세 대통령과의 관계는 그들의 정치 역정만큼이나 극적이었으며, 심지어 험악한 적대적 순간도 여러 번 존재했습니다. 실제로 이들은 권위주의와 군사 정권 아래에서 야당 정치인으로 심한 탄압을 받았던 인물이었는데, 그런 이유 때문인지 정치 권력과 유착 관계에 있던 언론을 몹시 불신했으며 그 사실을 숨기지 않고 드러냈습니다. 특히 김대중 대통령과 노무현 대통령은 재임 중 언론 개혁을 시도했고, 이에 맞서 언론은 대통령 측근의 비리와 정치 비자금 문제를 집중 보도하는 식으로 맞대응했습니다. 언론의 정권 비리에 대한 보도는 국민들의 알 권리를 충족시켰으나, 대통령의 국정 운영과 리더십에는 뚜렷한 상흔을 남겼습니다.

김영삼 대통령과 언론

언론에 비친 김영삼 대통령

김영삼 대통령은 문민정부 출범과 동시에 두 가지 시대적 과제를 설정했습니다. 첫 번째는 군사 독재의 잔재와 악폐를 없애기 위한 개혁 단행, 두 번째는 21세기에 세계 중심 국가로 도약하기 위한 경제 활성화와 국가 경쟁력 강화였습니다. 이를 위해 그는 군부 세력인 하나회 척결, 공직자 재산 공개와 공직자윤리법 개정, 부패와의 전쟁, 역사 바로 세우기, 신경제 5개년 계획, 금융실명제 실시, 세계무역기구(WTO) 가입과 농산물 개방, 노사 개혁 등 수많은 개혁들을 시도했습니다. 그의 개혁은 한국 사회 발전을 위해 반드시 필요한 것들이었으나, 5년 단임제에서 대통령 한 사람의 의욕만으로 모두 이행하기에는 어려운 것들이었습니다. 무엇보다 이중에는 이해 당사자들과 충분한 대화와

한국의 불행한 대통령들

설득이 필요한 부분이 있었습니다. 개혁의 내용 중에 기득권 세력은 물론 노동자들의 이익을 다루는 내용도 포함되어 있었기 때문입니다.

김영삼 대통령이 그의 개혁 구상에 반대하는 세력을 잠재우기 위해 선택한 대응 전략은 '도덕성'과 '공동체를 위한 자유'의 가치를 바탕으로 '법치주의'와 '솔선수범'을 강조하는 것이었습니다. 실제로 그는 "법은 반드시 지켜야 합니다. 질서는 우리가 다 같이 가꾸어야 할 덕목입니다. 법과 질서를 파괴하는 행위는 결코 용납될 수 없습니다"라고 강조했습니다.[5] 그의 개혁 구상에 대한 국민들의 반응은 뜨거웠고, 실제 취임 100일 즈음에 김영삼 대통령에 대한 국민 지지율은 90%가 넘었습니다.

김영삼 대통령의 개혁에 우려 섞인 반응을 보인 것은 오히려 외신들이었습니다. 특히 군부 내 사조직인 '하나회'를 없앤 것이 쿠데타로 이어지지 않을까 근심하는 모습도 보였습니다. 반면 한국의 언론은 김영삼 대통령의 개혁 구상과 정책을 특별히 평가한다거나 하지 않고, 여론의 지지율을 간단히 보도하는 식으로 그쳤습니다. 그 이유는 아마 김영삼 대통령에 대한 유례없이 높은 국민적 지지율, 임기 초반 의욕이 지나칠 정도로 넘치는 대통령에 대한 경계심, 그리고 '부패와의 전쟁'에서 언론사 사주들이 연루되지나 않을까 하는 두려움 때문이었을 것입니다.

이와는 별개로 보수 언론인 「조선일보」는 임기 초반 김영삼 대통령에 대해 우호적인 태도를 취했습니다. 예를 들어 취임 1주일 후 「조선일보」와의 특별 기자회견이라거나, 취임 100일째를 맞아 진행한 「조선일보」 기자와의 24시간 동행 취재 등은 이례적인 경우였습니다. 그 배경에는 문민정부 1기 비서진 구성원이 관련되어 있을 가능성이 큽니다. 김영삼 대통령이 주돈식 「조선일보」 논설위원을 정무수석으로 임명했기 때문입니다. 대통령이 어째서 언론인을 정무수석에 임명했는지 명확한 이유는 알 수 없지만, 문민정부의 버거운 정책 과제를 이행하는 데 언론의 역할이 매우 중요하다는 점을 염두에 둔 판단이었을 수 있습니다. 이렇게 보수 언론의 자발적인 협조를 이끌어냈다는 점에서, 김영삼 대통령의 묘책에 가까운 인재 등용술이라고 할 수 있겠습니다.

1996년 김영삼 대통령은 노동 개혁에 관한 구상을 실행했습니다. 그 명분은 21세기 지식 정보화 시대에 대립적인 노사 갈등 구조를 협력 관계로 바꾸어 국가 경쟁력을 강화함으로써 세계화의 추세에 부응한다는 것이었습니다. 그는 새로운 노사 협력 패러다임을 위해 노동법 개정이 필요하다고 생각했고, 이를 위해 노사관계개혁추진위원회를 발족하고 노사 합의에 의한 노동법 개정을 시도했습니다. 그리고 정부 개정안이 발표되었는데, 주요 내용은 정리해고와 변형 근로제 도입, 상급 단체 복수 노조 허용, 1999년부터 교원 노조 단결권 허용, 파업 시 대체 근로 인정, 3자 개입 금지 규정 철폐, 노조 전임 유급 5년

후 폐지 등이었습니다.[6] 이에 대해 노조 측과 사용자 측이 모두 부정적으로 반응했습니다. 이때 대부분의 언론은 노사 양측 모두에게 새로운 노동법 개정안을 수용할 것을 촉구했습니다. 노동법 개정이 후대를 위한 것임을 강조한 김영삼 대통령의 입장을 언론이 어느 정도 이해하고 지지한 것이었습니다. 노동법 개정안이 국회 심의 과정에서 지지부진할 때, 주요 언론들은 노사 개혁과 경쟁력 강화를 위한 대전환의 기회를 영원히 잃게 될 수 있으니 국회에서 연내 처리를 해야 한다고 강조했습니다. 하지만 이듬해 노동계 총파업으로 노동법 개정 시도는 무산되었고, 1997년 11월 16일 IMF와 구제 금융에 합의함으로써, 한국 경제는 IMF 관리 체제로 전락했습니다. 이를 두고 김영삼 대통령은 문민정부가 구상했던 경제 분야 개혁이 야당과 노동계의 반대로 실현되지 못했고, 이 때문에 IMF 위기 이전에 스스로 개혁할 기회를 놓쳤다고 회고했습니다.

김영삼 정부의 정치 스캔들에 대한 언론의 반응

김영삼 대통령에 대한 보수 언론의 우호적 태도는 한국 사회의 복합적이고 총체적인 부패의 상징으로 이슈화된 '한보 사건'을 계기로 변모합니다. 1997년 1월, 한보그룹 부도 사태와 관련한 차남 김현철의 비리에 대한 언론 보도는 김영삼 대통령의 국정 과제 중 하나였던 '부패와의 전쟁'에 치명적인 상처를 남기게 됩니다. 한보 사건은 대통령의 측근과 가족, 기업인, 금융인이 연관된 전형적인 권력형 비리 사건이었습니다. 1996년 10월경부터 부실 경영에 대한 각종 의혹이 시장에서 나돌고 있었음에도, 5조 원이라는 천문학적인 액수의 부실 대출이 이루어졌습니다. 그리고 그 중심에 김영삼 대통령의 측근 정치인들과 둘째 아들 김현철이 있다는 것이 언론이 제기한 의혹이었습니다.

그런데 한보철강의 최종 부도가 처리되기 전 적어도 몇 달간, 이상하게도 언론은 한보의 부실 경영에 대해 의혹을 제기하거나 기사화하지 않았습니다. 이를 두고 언론이 정치와 경제 권력과 상호 협력적 관계를 유지하고 있었기 때문이라는 분석도 나온 바 있습니다.[7] 일부 언론은 부도 시기에 관한 청와대 개입설을 주장하기도 했습니다. 실제로 「조선일보」 보도에 의하면 한보철강의 위기설은 1996년 10월경부터 주식시장에 이미 나돌기 시작했으며, 청와대 내부에서 부도 시점을 저울질해왔다는 것입니다.[8] 문민정부 출범부터 우호적인 태도를 보였던 언론이 그간의 침묵을 깨고 협조적인 태도를 바꾸기란 쉽지 않았을 것입니다. 그런 와중에 대통령 측근과 김현철의 개입설 제기와 같은 야당의 압박이 마침내 언론 태도 변화에 있어 의미 있는 요인으로 작용했습니다. 한보그룹 정태수 회장의 구속 이후 등장한 소

한국의 불행한 대통령들

위 '정태수 리스트'와 정치권에 대한 여론의 악화 역시 언론이 김영삼 정부에 거센 비난을 보내게 된 또 다른 요인이었습니다. 예를 들면, 「동아일보」는 '정체 드러나는 현철 의혹'이라는 사설을 통해 국회 청문회와 검찰 수사에 대해 강력히 비판하며 국민적 불신을 보도했습니다.[9] 또한 「한겨레」가 자체 수집한 증거로 보도한 '김현철의 YTN 인사 개입' 기사는 김현철이 아버지 김영삼 대통령의 권력을 대신 행사한 사례를 폭로한 것으로 사건 방향을 전환시키기에 충분했습니다. 결국 김현철은 구속되고, 김영삼 대통령은 대국민 사과문을 발표했습니다. 그리고 여론의 악화는 임기 초반 문민정부에 대한 국민의 높은 지지율을 자랑스러워했던 김영삼 대통령에게 치명적인 상처가 되었습니다.

언론에 대한 김영삼 대통령의 태도

김영삼 대통령이 '군 개혁', '부패와의 전쟁', '역사 바로 세우기', '금융 실명제' 등의 개혁 정책을 실행하는 데 있어서 일관되게 강조한 원칙은 법치주의였습니다. 이는 법치에 의한 통치가 국민을 이롭게 하고 또 편하게 하기 위함이라는 의미였습니다. 임기 초반 특별히 법치주의를 강조한 것으로 볼 때, 그는 통치와 법치를 같은 맥락으로 생각한 것 같습니다.

　성공한 리더십을 바라는 국민들의 호응은 대단했습니다. 문민정부 출범 2개월을 맞아 실시한 여론조사에서 국민의 94.3%가 부패 척결 정책을 지지했는데, 이는 단순히 문민정부의 정책에 대한 지지율이 아니라 김영삼 대통령 개인에 대한 지지율이기도 했습니다. 그리고 대통령 지지율의 주된 원인은 인사 정책과 관련이 있었습니다.[10] 이는 문민정부가 국민들의 기대에 맞는 인재 등용을 했다는 의미입니다. 언론은 김영삼 대통령의 높은 지지율에 담긴 위험성에 대해서도 지적했습니다. 이에 대해 김영삼 대통령은 "국민의 압도적인 지지에 그저 감사할 뿐입니다. 겸허한 자세로 앞으로도 국정을 이끌 생각입니다. 그 나라의 흥망성쇠에 결정적 역할을 하는 이가 대통령이라는 것을 절실히 느끼고 있습니다. 건설적인 비판은 주변 인사들로부터 듣고 있으며, 정부 내의 보고도 면밀히 검토하고 있습니다. 텔레비전 뉴스도 빠짐없이 보고 있으며, 모든 신문은 밤늦게까지 다 읽습니다. 신문을 읽고 가장 중요한 정보를 나 자신이 직접 듣는 기회를 가지는 것입니다"라고 발언했습니다.[11] 대통령에게 언론은 국민과 소통하는 도구였으며, 언론 보도의 내용은 곧 민심을 의미했을 것입니다. 그래서인지 그는 민심에 대한 언론 보도에 대해 대체로 수긍하고 수용하는 태도를 보였습니다. 임기 중 언론이 제기한 문제들에 대해 그는 여섯 번의 대국민 사과문을 발표했는데, 이는 아마 대통령으로 국민에게 책임을 다하지 못한 것에 대한 실제 반성으로 보입니다. 아마도 국민들이 자신과 정권에 대해 보낸 뜨거운 지지가 계속되도록 만들지 못한 회한이었을 수도 있습니다. 무엇보다도 그의 실정으로 인해 침묵하고 있는 대다수 국민들의 사기가 떨어진 것에 대한 미안함이 컸을지도 모릅니다.

반면 김영삼 대통령은 언론에 의해 제기된 '속도 조절론', '인치론', '깜짝 쇼', '표적 사정' 등의 비판에 대해서는 일체 무시하는 태도로 일관했습니다. 왜냐하면 그는 이런 주장을 개혁의 발목을 잡고자 하는 소수 특정 세력의 저항으로 간주했기 때문이었습니다. 실제로 그는 "과거 군사정권의 비호 아래서 기득권을 유지해온 세력들의 조직적 반격을 봉쇄해야 하기 때문이다"라고 발언했습니다.[12] 이러한 그의 일관된 태도에 대해 언론에서는 '제왕적 대통령'이라는 비판을 제기했습니다. 이는 언론의 정책 비판을 무시하면서 대통령이란 자리의 권위로 주요 정책들을 밀어붙이려고 했던 김영삼 대통령의 태도가 원인이 되었습니다.

김대중 대통령과 언론

언론에 비친 김대중 대통령

김대중의 대통령 당선에 대한 외신들의 관심은 뜨거웠습니다. 예를 들어 미국의 「뉴욕 타임스」, 「워싱턴 포스트」, 「월스리트 저널」, 독일의 「쥐트도이체 차이퉁」, 중국의 「인민일보」 등에서 그의 오랜 정치적 시련과 영욕을 소개하면서 '영원한 반대자의 역사적 승리', '한국 민주주의의 혁명' 등 갖은 수식어로 김대중 대통령 당선의 의미를 부여했습니다.[13] 김대중 대통령은 박정희 정권과 제5 공화국으로 이어지는 군사정권을 거치는 동안 온갖 핍박과 차별을 받아올 때, 그나마 그의 저항 정신과 고통을 지지하고 응원해준 서구 외신들에게 깊은 감사와 신뢰를 보냈습니다. 이것은 김대중 대통령이 국내 언론보다는 외신 보도에 좀 더 민감하게 반응했다는 의미일 수 있습니다. 예를 들어

「월스트리트 저널」이 사설을 통해 김대중 대통령의 친노동계 성향이 IMF 구조 조정 과정에서 필연적으로 따르게 될 기업 도산과 정리해고 등의 문제 해결에 유리하게 작용할 것이라고 한 것에 대해, 직접 격정과 우려를 표명했습니다.[14] 어떻게 보면 그 우려는 당연한 것이었는데, 노동계가 김대중 대통령의 중요한 지지 세력 중 하나인 것은 분명한 사실이었기 때문입니다. 따라서 현실적으로 노동계를 어떻게 설득할 것인지는 큰 숙제였습니다. 하지만 더 근본적인 그의 고민은 아마도 자신의 과거 경력과 닿아 있었을 것입니다. 즉 김대중 대통령은 정치 활동의 대부분을 독재와 권위주의 체제에 반대해왔지만, 그런 것들에 반대하는 그의 논리적 지향점이 진보나 좌파가 이상으로 여기는 '평등'과 '분배'의 가치와 항상 일치하는 것은 아니었기 때문입니다.

국가 부도 사태를 막기 위해 몇십만의 실업자 구제를 포기한 그의 결단에 대한 평가는 다양할 수 있습니다. 하지만 IMF 위기에 대처하는 과정에서 그는 보수주의자도, 진보주의자도 아니라는 것이 분명히 드러났습니다. 김대중 대통령은 1997년의 한국 정치에는 대단히 생소했던 '중도 정치'를 이행하고 있었던 것입니다. 만약 IMF 위기가 한국에 오지 않았다면, 그의 중도 정치는 보수와 진보 세력에게 이익과 보상을 보장함으로써 성공했을지도 모릅니다. 그러나 IMF라는 현실에서 김대중 대통령의 기업 정책과 노동 정책은 보수와 진보 양쪽 세력으로부터 모두 원망과 지탄을 받게 되었습니다. 김대중 대통령에게 우호적이었던 진보 성향의「한겨레」조차 "구조 조정은 더욱 가열차게 진행되고 서민들은 더더욱 깊은 수렁으로 빠져들었다. 실업자가 속출하고 서울역 앞에는 노숙하는 이들이 늘어났다. 통계청 집계로 1999년 8월 실업자는 모두 136만 4,000명이었다"라고 보도했습니다.[15] 김대중 정부의 IMF 위기 대응 과정에서 경제적 약자 계층이 대폭 증가했음을 지적한 것이었습니다. 반면 새로 신설된 금융감독위원회 위원장의 과거 보수 정권하에서의 이력과 기업 구조조정 지휘 내용이 보도된 것에 비해 그를 임명한 김대중 대통령에 대한 비판은 거의 존재하지 않았습니다.

보수 언론 일색인 한국 언론계에서 유일한 진보 성향이라 할 수 있던「한겨레」가 1980년대 후반 창간되었을 때, 김대중 대통령은 야당 지도자로서 축하의 뜻을 보냈습니다. 「한겨레」를 창간한 송건호는 신군부 시절 김대중과 정치적으로 연루되어 있다는 이유로 고문을 당한 적도 있었습니다.[16] 이를 고려하면「한겨레」의 김대중 대통령에 대한 우호적 태도는 그 나름의 이유가 있었습니다.

한국의 불행한 대통령들

김대중 정부의 정치스캔들에 대한 언론의 반응

김대중 정부에 들어서 첫 번째 정치 스캔들은 '고급 옷 로비 의혹'이었습니다. 이 의혹이 사회적으로 공론화되기 시작한 것은 「한겨레」의 보도 때문이었습니다. 보도 내용은 '최순영의 처 이형자가 남편의 구명을 위해 김대중 정부의 실세들을 상대로 로비를 벌이는 과정에서 고급 옷을 산 것'이었습니다.[17] 신동아그룹 회장 최순영은 이미 해외 재산 도피로 구속된 상태였습니다. 김태정 법무부장관의 처, 강인덕 통일부장관의 처, 김정길 정무수석의 처 등이 이 사건에 연루되었다고 이형자가 폭로하면서 사회적 이슈로 대두되었습니다. 이에 대해 「동아일보」 역시 '법무부장관을 위한 해명성 수사', '불공정 수사'라는 취지의 보도를 통해 검찰 수사의 문제점과 김대중 정부의 도덕성에 문제를 제기했습니다.

언론은 수사 과정에서 드러난 장관 부인들의 사치스러운 행태를 낱낱이 보도함으로써, 국민들의 정부 고위직 인사에 대한 반감을 확산시키는 데 중요한 역할을 했습니다. 예를 들어 「조선일보」는 '옷 티켓이란 – 부유층 선물 애용 100만 원 선 상품권'이란 제목의 기사를 보도하면서 서민들의 감정을 자극했으며, 「중앙일보」 역시 '장관 부인들, 또 다른 의상실서 거액 옷 구입 시도 의혹'이라는 제목의 기사를 보도하는 등 이례적인 과열 보도가 연일 계속되었습니다.[18] 이 과정에서 수사를 담당하던 검찰의 권위가 실추되었고, 언론은 김태정 법무부장관의 퇴진을 요구하는 여론을 적극적으로 보도했습니다. 대통령과 권력 실세에 대한 「한겨레」의 비판은 이 신문이 도덕적 가치를 중요시하는 진보 성향 언론이라는 점에서 당연한 것이라고도 할 수 있으나, 김대중 대통령의 입장에서는 과거 독재 체제에서 힘을 합쳐 저항했던 동지와도 같은 사이였으므로, 매우 서운한 일이었을지도 모릅니다. 그러나 현실에서는 어느 순간부터 이들은 이미 각자 다른 길을 걷고 있었습니다.

언론에 대한 김대중 대통령의 태도

김대중 대통령은 1980년대 이후 정치 활동에서 언론의 편파 보도가 늘 자신의 앞길을 막았다고 생각했습니다. "나는 평생을 언론의 편파적 보도에 시달렸다"라고 자서전에서 회고했습니다.[19] 예를 들어 1989년 「주간 조선」에 실린 「조선일보」 기자의 '김대중 평민당 총재 일행의 유럽 순방 동행 취재기'에서 작위적 보도가 허위투성이였다는 것입니다. '항일 열사 유적비나 한국전 참전 용사 추모비 등을 빠트리지 않고 찾아다니며 혹여 카메라가 안 따라올라치면 대변인을 호되게 질책'이라며 악의에 찬 거짓을 진실인 양 보도한 것에 분노했습니다.

특히 그는 한국의 대표적인 보수 언론인 「조선일보」의 거짓 기사에 대해 정면으로 맞서 '조선일보 허위·왜곡 보도 대책위원회'를 발족하는 등 적극적으로 대응했습니다. 보수 언론에 대한 그의 반감은 5·18 광주민주화운동에 대한 보수 언론의 왜곡된 시각과, 언론이 군사 정권의 권력에 굴복하여 역사적 사명을 소홀히 한 것에 대한 분노와 불신에서 비롯된 것이라 할 수 있습니다. 보수 언론에 대한 그의 부정적 인식은, 후에 대권을 잡은 후 신문사들에 대한 세무조사를 단행하는 결과로 이어졌습니다. 2001년 1월 김대중 대통령이 언론 개혁의 필요성을 언급한 뒤, 국세청은 2월 8일부터 60일간 23곳 중앙언론사에 대한 세무조사를 실시했습니다.[20] 그 결과 「중앙일보」 홍석현 사장에 대한 기소가 이루어졌고, 이에 대해 주요 언론사들은 언론 길들이기 또는 언론 탄압용 세무조사라며 강력히 반발했습니다.

또한 재임 중 발생한 측근과 아들들에 대한 언론의 집요한 비리 의혹 제기는 김대중 대통령의 언론 기피증을 더욱 심화시키는 계기가 되었습니다. 그는 보수 언론의 편파 보도를 '김대중 죽이기'라고 판단했습니다. 실제로 보수 언론의 '김대중 죽이기'는 1992년 대통령 선거 기간 동안 김영삼 후보가 김대중 후보에 대해 제기한 색깔론을 아무 여과 없이 국민들에게 전달하는 역할을 한 것에서도 드러났습니다. 그는 "사상이 의심스런 후보는 대통령이 되어서는 안 된다"라는 김영삼 후보의 흑색선전을 그대로 보도함으로써 많은 유권자들이 김대중을 용공으로 생각하는 데 일조했다고 믿었습니다.[21] 김대중은 1992년 후보 단일화 실패 이후 대선 패배의 원인에 대해 언론이 그를 소외시켰기 때문이라고 생각했습니다. 이후 그의 정계 은퇴 선언은 많은 것을 변화시키는 계기가 되었습니다. 특히 그는 정계 은퇴 선언 이후 180도 달라져 그를 영웅시하는 언론의 태도를 매우 의아하게 여겼습니다. 그로서는 이런 달라진 대우가 모든 것을 내려놓은 정치가에 대한 진정한 존경심의 발로인지, 아니면 '김대중 죽이기'의 목적을 달성한 승자의 여유와 관용인지 알 방도가 없었습니다. 어쨌거나 당시 상황에서 언론은 국민들의 아쉬움과 동정심을 바탕으로 한 여론을 보도할 수밖에 없었을 것입니다.

1997년 정계 복귀 후, 김대중은 대선을 앞두고 언론과의 치열한 싸움을 다시 시작하게 됩니다. 당시에는 정부와 여당에서 만든 북풍, 색깔론, 그리고 건강 이상설 등의 가짜 뉴스 보도가 난무했습니다. 김대중은 대통령이 되기 오래전부터 자신의 통일 방안이 북한의 연방제 통일 방안과 흡사하다는 보수 언론의 왜곡과 편파 보도에 시달려왔다고 토로했습니다. 그가 좌파 인사라는 것입니다. 그러한 언론의 주장은 과거 군사 정권이 김대중에 대해 갖고 있던 시각과 일치했습니다. 언론은 김대중의 정치 성향에 대해 심각한 판단 오류를 범했는데, 이러한 언론의 오해는 군사 독재 시절 군인들이 정권을 연장하고 유지시키기 위한 정치 공작과 깊은 연관이 있었습니다. 그는 독재의 종식과 민주주의 회복을 위한 정치에 몰두했으며, 그 과정에서 탄압을 몸소 겪은 인물이었습니다.

하지만 김대중은 그런 색깔론과는 달리, 대통령 취임 전의 오랜 정치 활동에서나 취임 이후의 통치 활동 모두 좌파 이념에 근거하고 있다는 점을 찾아보기 힘든 인물입니다. 예를 들어 그가 대통령으로 당선된 이후 추구한 정책은 국영화가 아니라 민영화였습니다. 비록 IMF 체제에서 어쩔 수 없는 선택이었다 하더라도, 만약 그가 좌파 성향이었다면 결코 이행할 수 없는 내용이었습니다. 또한 그는 기업이 자유무역 체제의 무한 경쟁에서 살아남아야 한다고 믿었습니다.[22] 이것은 그가 좌파 이념에 종속된 정치인이 아님을 말해주는 증거입니다. 그는 직면한 세계화의 현실 문제를 해결하는 데 몰두한 실용주의자에 가까웠습니다. 특히 그는 한국 경제의 건전화를 위해 정경 유착 종식이 민주적 시장경제 발전의 중요한 시발점이라고 여겼습니다. 나아가 그는 정부의 민간 경제 개입이나 간섭을 제거하는 것이 곧 서민의 권익을 보호하는 경제 민주화라고 믿었던 것 같습니다.

김대중 대통령은 임기 초 1992년에 만들어진 '남북기본합의서'에 기초한 남북 교류를 주장했지만, 북한이 별다른 반응을 보이지 않자 자신의 브랜드인 '햇볕정책'을 도입했습니다. 그는 햇볕정책이 북한 정권을 변화시킬 수 있다고 믿었습니다. 또한 중국이 북한 변화에 중요한 영향을 미칠 것이라 생각했습니다. 그러나 김정일 정권은 김대중 대통령의 생각대로 반응하지 않았습니다. 그의 친척이면서 측근 참모였던 이영작 박사에 의하면 그는 중국을 오판했고, 북한에 결과적으로 '속았던' 것입니다.[23] 김대중 대통령은 남북 관계만큼은 자신을 가지고 있었습니다. 그래서 남북 정상회담을 통해 역사에 굵은 획을 그으려고 했지만 보수 언론이 제기하는 북한 정권에 대한 '퍼주기 논란'에서 벗어날 수 없었습니다. 반면 진보 언론인 「한겨레」는 남북 정상회담 이후 활발해진 남북 간 문화적, 인적 접촉이 서로 이해하고 정서적으로 공감대를 넓히는 기회가 될 것이라며 긍정적으로 평가했습니다.[24] 김대중 대통령은 햇볕정책에 대한 보수 언론의 비우호적 보도를 불편해했으며, 언론을 위시하여 많은 사람들에게 햇볕정책에 대해 설명하고 또 설득하려 시도했습니다.

노무현 대통령과 언론

언론에 비친 노무현 대통령

노무현 대통령은 국가 통치 구상으로 '비전 2030'을 제시했습니다. 그
것은 미국 클린턴 대통령과 영국 토니 블레어 총리의 '제3의 길'을 참
고한 중도 정치 노선을 표방한 것이었는데, 그가 구상한 '비전 2030'
에서 추구한 목표는 한국 정치의 스펙트럼을 보수에서 중도 진보로
옮기는 것이었습니다. 하지만 진보, 보수 진영 모두 이러한 구상을 환
영하지 않았습니다. 보수 측은 진보 정권의 외연 확장을 원치 않아서,
진보 측은 진보 정권의 이념적 변질을 경계했기에 그러했을 가능성이
있습니다. 실제로 노무현 대통령은 자신의 구상을 "진보 언론도 적극
적으로 소개하려고 하지 않았다"라고 회고했습니다.[25] 진보 언론의 무
관심은 노무현 참여정부의 태생적 한계와 관련이 있습니다. 노무현을

추종했던 세력인 '노사모'와 기득권을 쥔 보수 진영에 대한 저항과 변화를 기대한 다수 국민들이 노무현 정권의 탄생 과정에서 바랐던 것은, 보수 진영에 맞설 수 있는 힘 있는 진보 진영의 확고한 자리 매김과 진보 정치의 확산이었습니다.

노무현 대통령은 이러한 지지자들의 기대와 요구 사항을 알고 있었습니다. 하지만 다른 한편으로는 한국 진보주의의 한계와 오류에 대해서도 인식하고 있었습니다. 유럽 국가들의 진보 정치가 보편적 복지, 분배와 재분배 등의 사회적 이슈에 몰두한 것과 달리, 한국의 진보 진영은 인권, 평화, 그리고 북한 문제에 치중하는 모습을 보였습니다. 서민을 위한 정치를 표방하고 있던 노무현은 이상과 현실 사이에서 심각한 딜레마에 처하게 됩니다. 그런 이유로 토니 블레어가 선택했던 제3의 길을 한국 정치에 과도기적 개념으로 도입하려고 했는지도 모릅니다. 그러나 진보 언론을 포함한 한국 언론들은 그의 구상을 이해하지 못하는 수준을 넘어 리더로서의 자질까지 문제시했습니다.

노무현 대통령은 극단적 이념 대립의 계급 정치보다 진보와 보수의 가치를 혼합한 중도 정치 노선이 한국의 시대 상황에 필요하다고 인식했습니다. 그가 '중도 진보' 내지 '실용적 진보'를 구상한 이유는 외환위기 이후 심화된 경제적 양극화를 해소하여 묵묵히 자신이 맡은 일에 최선을 다해 살아가는 다수 국민들이 편안하게 살아가는 것을 바랐기 때문일 것입니다. 그에게 국민은 지지자인 동시에 피난처였으므로, 국민들의 안정된 삶을 보장하는 것이야말로 자신의 의무라고 생각했을 것입니다.

　노무현 대통령이 주력했던 과제 중에는 국민 통합이 있었습니다. 그는 이미 한국 사회 내 존재하는 영호남 지역주의, 보수와 진보, 기득권 세력과 신흥 세력, 부자와 가난한 자, 그리고 세대 간 차이 등으로 인한 갈등을 충분히 파악하고 있었으며, 그 문제의 심각성을 잘 알고 있었습니다. 대선 승리 방정식의 전 세계적 대세는 '중간층 잡기'였습니다. 노무현 대통령은 대선에서 중간층의 중요성을 의식하고 있었을지 모르나, 겉으로 드러난 공약, 그리고 그의 주변 인물들과 지지자들은 확실히 진보 성향을 띠었습니다. 보수 언론은 노무현 대통령이 민심에는 눈길조차 주지 않고 쉴 새 없이 적을 만들어 공격하며, '편 가르기'와 '남 탓 떠넘기기'를 반복하는 분열의 정치를 하고 있다고 비판했습니다.

　이러한 비판의 배경에는 '노사모'와 같은 소수 열성적 지지자들과의 공감대를 전체 국민들과의 소통에 적용한 노무현 대통령의 행태와 관련이 깊습니다. 이는 마치 소수의 생각으로 다수를 이해하고 소통하려는 것과 같았습니다. 그리고 이러한 접근 방식은 다수를 설득하기에는 역부족이었습니다. 그는 보수적인 나라에서 보수 언론에 맞서 국민들이 별로 관심을 보이지 않는 일을 억지로 밀어붙인 것을 실패의 원인으로 분석했습니다. 실제로 노무현 정부의 행정 수도 이전,

공기업 지방 이전 및 혁신 도시 개발 정책은 전국의 부동산 시장을 요동치게 했으며, 이에 언론은 노무현 정부 정책의 문제점을 사회적 이슈로 부각시키는 데 집중했습니다. 이는 기득권 세력의 이익을 대변하는 보수 언론의 저항이었습니다. 보수 세력과 언론에 비친 노무현 대통령의 모습은 기존 질서를 파괴하면서 자신들의 이익을 위협하는 인물로 보였을 가능성이 큽니다. 그러므로 언론은 노무현 정부의 비전문성을 부각시키는 데 많은 시간을 투자했습니다. 이는 참여정부의 이념적 편향성 때문에 국정 운영에 필요한 전문가의 제한적 등용이 문제였다는 점과 관련이 있습니다.

실제로 정부 고위 관료의 비전문성은 대통령의 인사 정책 실패를 의미합니다. 인사가 잘못되면 지지율이 감소하는 것은 물론, 민심이 이반하게 됩니다. 즉 인사 문제로 인해 국민 대다수가 정부에 등을 돌릴 수 있다는 것입니다. 언론과 야당은 여론을 바탕으로 노무현 정부를 경영 마인드가 부족한 무능한 정권으로 평가했습니다. 사실 이전의 김영삼, 김대중 대통령에 비교하면 노무현 대통령은 상대적으로 대통령이 되기 위한 준비가 부족했으며, 이는 본인 스스로 인정한 부분이었습니다.

노무현 정부의 정치 스캔들에 대한 언론의 반응

한국에서 대선을 위한 당내 경선을 하다 보면, 그 과정에서 법정 선거 비용 이상의 돈이 들어간다고들 하는데, 전두환, 노태우는 조 단위였고 YS, DJ때는 수천 억 단위였다가 노무현, 이명박 때는 천억 단위 아래로 내려왔다고 합니다.[26] 법정 선거 비용 이상의 돈은 불법적인 자금이니 위험할 수밖에 없고, 따라서 이것을 믿고 맡길 사람은 피가 섞인 친인척뿐일 것입니다. 그래서 역대 정권에서 대선 자금은 예외 없이 친인척이 주로 관리했다고 합니다. 자금 관리인은 최고 권력자의 친인척인 데다 위험 부담이 큰 정치 자금까지 직접 관리하니 자연스레 권력 실세가 될 수밖에 없습니다. 그 결과 주변 인사들은 대통령의 권력을 이용하여 호가호위하며 낙하산 인사의 원인이 되고 또 국정 농단의 주역이 됩니다.

노무현 대통령은 '주변 관리는 정치인의 책임입니다'라며 자신의 책임을 인정했습니다.[27] 즉 권력의 사유화가 비록 권력의 속성이기는 하나, 이를 막지 못한 것에 대한 과오를 인정한 것입니다. 그러면서 건전하고 당당한 시민 사회로 나아가기 위한 과정이라 받아들이고, 모든 사법 절차를 수용할 것임을 밝혔습니다. 하지만 결국 수사 중간에 스스로 목숨을 끊는 충격적인 사건으로 인해 법원의 최종 판단은 이루어지지 못했습니다. 이명박 대통령의 책사로 불리던 정두언에 의하면 당내 대통령 후보 경선 막바지에 이명박의 대선 후보 확정이 거의 분명해지던 상황에서 갑자기 캠프에 자금이 말랐는데, 이명박은 그 원인으로 노무현 정권의 개입으로 돈줄이 차단되었을 가능성을 염두에 두었다고 합니다. 이는 이명박 집권 후 노무현에 대한 강도 높은 검찰 수사가 이루어진 배경으로 의심이 가는 부분입니다. 실제로 노무현 대통령은 이명박 정부의 검찰 수사를 "이길 수 없는 밥그릇 싸움이기에 전략적으로 접근해야 한다"면서 측근들이나 지지자들에게 각자 도생을 할 때라고 강조했습니다.[28] 전임 대통령으로서 노무현은 이명박 정부와 싸우게 될 때의 결과를 이미 알고 있었던 것입니다. 무엇보다 언론이 나서서 검찰의 입장을 적극 대변했을 때, 그는 더욱 절망감을 느끼게 되었습니다. 특히 「한겨레」는 '피의자 노무현'이라는 제목의 사설을 통해 노무현 가족이나 측근의 비리는 정권의 구조적인 문제라며 신랄하게 비판했습니다.[29] 이에 노무현은 「한겨레」가 검찰의 충실한 주구 노릇을 한다고 한탄하게 됩니다.

진보 성향 언론인 「한겨레」가 왜 노무현 참여정부의 정책에 대해 비우호적인 보도를 일삼았으며, 특히 퇴임 후 가족과 측근이 비리 혐의로 검찰 수사를 받는 것을 집중 보도했을까요? 노무현 대통령은 처음부터 자신에게 비판적인 보도를 해온 「한겨레」가 자신들이 옳다는 것을 입증하기 위해 끝까지 일관적인 태도를 유지했다고 생각했습니다. 그렇다면 어째서 「한겨레」는 처음부터 비판적이었을까요? 이에 대한

한국의 불행한 대통령들

답은 과거 자유 회복을 위해 권위주의 체제와 군사 정권에 저항했던 세력들 가운데 자칭 정통 진보라고 생각하는 사람들, 그리고 이들 가운데 원로급 인사들이 노무현을 바라보는 시각에서 찾아볼 수 있을 것입니다. 그들에게 노무현은 이념과 경험에서 공감대가 전혀 없는 '이방인'에 가까운 정치인이었습니다. 또한 노무현이 일체의 특권 세력을 부정하는 정치인이었다는 점을 고려해볼 때, 진보 세력 내 특권층을 인정하고 그들과 긴밀한 교류를 했다고는 보기 힘듭니다. 비록 큰 틀에서는 진보라는 한 지붕 아래였지만, 노무현 대통령 측근과 친인척 비리가 불거진 위기 상황에서 「한겨레」는 언론 본연의 비판 역할에 충실할 수밖에 없었을 것입니다.

한국 현대 정치사를 돌아볼 때, 정권 교체 과정에서 권력을 잡은 사람들의 공통된 인식은 사회를 통합하는 것이 아니라, 반대 세력을 밟고 탄압해야 한다는 기조였습니다. 비록 선거 기간 중에는 국민 통합을 내걸었지만, 집권 후에는 한결같이 태도가 180도 변했습니다. 이명박 정부도 예외는 아니었습니다. 노무현에 대한 핍박은 광우병 관련 수입 소고기 문제로 일어난 촛불 사태가 계기가 되었습니다. 이명박 정부와 보수 언론들은 촛불 확산에 대해 '배후 세력론'으로 맞대응했습니다.[30] 이명박 정부는 촛불 사태를 겪고 난 뒤 촛불 시위에 참가한 사람들을 화해할 수 없는 세력으로 간주했습니다. 그리고 촛불 세력의 핵심은 '노사모'이며 '친노'라고 단정했습니다. 이것이 퇴임한 노무현 대통령을 겨냥한 정치 자금 수사, 가족들의 검찰 수사, 그리고 태광실업에 대한 세무 조사가 이루어진 본질적 원인 중 하나였습니다. 이는 곧 대통령의 비자금 영역을 건드리지 않는다는 불문율을 깨는 것을 의미했습니다. 김영삼과 김대중 대통령은 상대방의 비자금에 대해 어느 정도 인지하고 있었지만, 절대 건드리지 않았습니다. 그런데 이명박 정부는 수세에 몰리게 되자 상대방을 치기 위해 비자금 영역을 건드린 것입니다.

이와 같이 불문율을 깬 배경에 대해 정두언은 "당시 이명박 정부에는 권력과 자금의 관계가 국정 운영에 비중이 어느 정도 있고, 이것을 어떻게 관리해야 하는지에 대한 판단을 할 사람이 없었다"라고 했습니다.[31] 그에 의하면 태광실업 박연차 회장에 대한 국세청 조사와 검찰 수사가 시작되자 추부길 전 청와대 비서관이 구명 로비를 했다고 합니다. 2009년 4월 12일 「중앙선데이」 기자는 추부길 전 비서관이 정 의원에게 "대통령 패밀리까지는 서로 건드리지 않도록 하자. 우리 쪽 패밀리에는 박연차도 포함시켜 달라"는 노건평 씨의 부탁을 전했다는 취재가 들어왔다고 합니다.[32]

박연차 회장에 대한 수사는 곧 수사의 칼끝이 노무현을 향하고 있음을 의미했습니다. 2009년 4월 보궐 선거에서 참패한 이명박 정부가 노무현에 대한 수사를 이용하여 상황 반전을 꾀했다고도 볼 수 있습니다. 당시 한국의 주요 언론들은 노무현과 가족들에 대한 검찰 수사 과정을 경쟁적으로 보도했습니다. 특히 「한겨레」는 사설에서 노무현에게 '사생측'의 결단을 촉구했습니다. 「한겨레」가 이렇게 가혹하게 노무현에게 책임을 물었던 이유는 과연 무엇이었을까요? 그것은 미숙함과 투박함이 진보 정치의 미덕이 아님은 물론 관용의 대상도 되지 못한다는 것과, 진보 정치에 대한 선명성을 기대하는 사회적 분위기 때문이었을 것입니다.[33] 진보 정치에 적용되는 도덕적 잣대는 보수 정치에 비해 훨씬 엄격했던 것입니다.

언론에 대한 노무현 대통령의 태도

노무현 대통령은 언론이 사실을 있는 그대로 보도하기를 기대했으나 현실은 그의 기대와 전혀 달랐습니다. 그는 임기 동안 언론의 무책임한 의혹 제기로 인해 정권이 쉴 새 없이 흔들렸고, 정부 관료들은 무력화되었다고 평가했습니다. 한국에서 오랫동안 지속된 극단적 이념 대립에 의한 적대적 정치 문화 속에서 보수 언론이 참여정부를 자연히 적대시했다고 판단한 것이었습니다. 그는 보수 언론을 감히 맞서기 어려운 거대한 이익집단으로 간주했고, 그들을 상대로 끝없는 싸움을 해야 한다고 생각했습니다. 여기서 거대 언론 권력에 대한 노무현의 저항과 투쟁정신을 엿볼 수 있습니다. 실제로 노무현은 2004년 8월 2일 국회 국정연설에서 족벌 언론의 횡포와 편파 보도의 부당함을 강조했습니다. 그가 보기에 언론은 견제를 받지 않는 위험한 권력이었습니다.

노무현 대통령은 언론 권력이 보도를 이용하여 여론을 조작하고 민심을 움직이는 등 사실상 여론 정치의 주체라고 보았습니다. 언론이 참여정부에 대해 그때그때 진실을 왜곡하고 차단하면서 무자비하게 비판했다고 판단했습니다. 이러한 이유로 참여정부의 정책이 국민들에게 제대로 전달되지 않았고, 따라서 그 효과도 볼 수 없었다는 것입니다. 예를 들어 경제 문제와 관련해 그는 다음과 같이 말했습니다. "언론은 국민의 정부 시절부터 지금까지 내내 우리 경제가 위기라고 외쳤습니다. '경제는 심리'라고들 합니다. 경제가 망한다고 하는데 누가 소비하고 누가 투자하겠습니까? 언론들이 책임 있게 보도해야 합니다. 언론의 입장에서 대통령과 정권이 마음에 들지 않으니 경제에 대해 계속 부정적으로 저주나 악담 수준의 기사를 쓰는 것입니다."[34] 특히 그는 「조선일보」, 「중앙일보」, 「동아일보」와 같은 주요 보수 언론이 참여정부의 경제 정책을 폄하하고 부정적으로 정치화시키는 보도 행태에 대해 상당한 불만을 표했습니다. 보수 언론에 대한 그의 불신은 남북 정상회담 관련해서도 표출되었습니다. 남북 정상회담을 위한 뒷거래에 대한 언론의 의혹은 사실이 아니며 무책임한 보도 행태라고 비난한 것입니다. 그중에서도 언론의 책임의식 부재가 노무현 대통령의 가장 큰 불만이었습니다. 노무현 정부에 대한 언론의 의혹 제기에 대해 서울대 언론 정보학과 이준웅 교수는 "노무현 정부는 언론 때문에 망했다"라는 입장을 표명했습니다.[35]

사실 노무현 대통령은 인수위원회 출발 시점부터 정치 개혁의 일환으로 언론 개혁을 구상하고 있었습니다. 정치 개혁의 과제가 권위주의와 특권 구조 해체라고 간주하고 있던 그는 언론이 정치 권력, 정부 권력, 시장 권력과 유착을 끊는 것이 언론 개혁의 핵심이라 생각했습니다. 또한 그는 언론이 갖고 있는 특권 의식과 지위로 인해 정부의 기능이 원활하게 작동하지 않는다고 판단했습니다. 이러한 언론에 대한 그의 적대적 태도는 당연히 언론사의 반발을 불러일으켰습니다. 그는 언론과의 싸움 때문에 참여정부가 공정한 평가를 받지 못했으며 공격을 당한 것이라고 보았습니다. 그리고 참여정부 들어서 「조선일보」, 「중앙일보」, 「동아일보」와 같은 보수 언론이 사회 분열과 갈등을 조장하는 편 가르기 보도를 일삼았다고 믿었습니다.[36] 만약 그가 참여정부와 그를 둘러싼 악평 속으로 들어가는 것을 두려워하지 않았다면 어땠을까요? 정치인이 언론의 우호적인 반응만을 기대하는 것은 자기중심적 사고입니다. 국가를 통치하는 리더는 언론을 포함해서, 자신과는 다른 의견과 이해관계를 갖고 있는 사람들로부터 항상 비판받을 준비가 되어 있어야 합니다. 그리고 언론 정책이나 대응에 실패했을 때, 먼저 자신의 탓으로 생각하는 자세가 꼭 필요한 부분입니다.

대통령과 언론의 관계 변화를 위한 제언

팩트 체크의 보편화

팩트 체크(fact check, 팩트 체킹)란 "비허구적 텍스트에 포함된 사실적 진술들의 진실성, 정확성을 확인하는 행위"라고 규정할 수 있습니다.[37] 오늘날 보편적으로 수용되는 사후적 팩트 체크는 텍스트에 포함된 사실적 진술의 오류를 적시함으로써 대중에게 올바른 정보를 제공하는 것을 목표로 합니다. 팩트 체크는 언론이라면 당연히 해야 할 기본적인 활동으로, 언론인에게 가장 중요한 취재 윤리이자 보도 원칙입니다. 하지만 사실 검증에 대한 필요성 인식과 실행 사이에는 큰 차이가 있습니다. 특히 한국에서 취재 보도를 정확하게 실행하고 있는가에 대한 언론인들의 자기평가 수준은 낮습니다.[38] 반면 미국의 경우 1980년대 후반부터 사실 검증에 대한 실행이 어느 정도 이루어지고 있는

한국의 불행한 대통령들

상황입니다.[39] 예를 들어 2020년 3월 이후 코로나 19로 인한 미국 내 감염자와 사상자가 증가하고 있는 상황에서, 트럼프 대통령은 미국인을 상대로 매일 기자회견을 통해 이번 코로나 19는 독감과 같아서 대수롭지 않다고 하거나 마스크는 필요 없으며 어린아이들은 잘 전염되지 않는다는 등 자신의 의견을 밝혔습니다. 이에 대해 CNN은 그의 생각이나 말이 전혀 과학적인 근거가 없는 낭설이라는 것을 의료 전문가들의 말을 인용해 비판했습니다. 이는 국가적 위기 상황에서 방송 언론이 권력자의 권위보다는 국민의 생명을 지켜야 한다는 사명감에서 비롯된 팩트 체크 사례입니다.

팩트 체크와 관련하여 한국에서는 2009년 「중앙일보」가 외부 전문가를 통해 자체적인 기사 검증을 위한 '팩트체크부'를 신설한 것이 변화의 계기가 되었습니다. 이후 「조선일보」, 「동아일보」, 「한겨레」 등이 비슷한 팩트 체크 제도를 도입했습니다. 그러나 언론 보도 내용의 사실 관계를 검증한다는 의미에서 나름 의미는 있지만, 그 주된 내용이 자체 기사에 대한 검증이라는 점에서는 한계가 있었습니다. 2016년 총신을 세기로 다양한 매체에서 팩트 체크를 시도했는데, 예를 들어 JTBC의 '팩트 체크', 뉴스타파의 '正말?', 레이더P의 '팩트 체크', 오마이뉴스의 '오마이팩트' 등이 대표적인 경우라 할 수 있습니다. 이는 정치인들에 대한 단순한 비판 기사를 넘어서 그들의 언행에 옳고 그름을 분명하게 밝히는 데 방송과 언론이 뜻을 같이하고 있다는 점에서

의미가 크다고 할 수 있습니다. 왜냐하면 팩트 체크를 통한 독자와 시청자들의 신뢰성 회복이야말로 언론의 존립과 성패와 밀접하게 연관되어 있기 때문입니다.

이러한 방송 언론계의 변화는 이전 김대중, 노무현 시대의 보도 관련 구태가 더 이상 통하지 않는다는 사실에 대한 인식에서 비롯되었을 가능성이 큽니다. 독자나 시청자는 진실이 왜곡된 정보와 엉터리 정보에 더 이상 관심이 없으며, 이를 상품으로 구매할 의사 역시 없습니다. 권위주의 체제에서나 문민정부 이후 언론이 그동안 간과했던 '침묵하는 다수의 존재'의 가치와 역할을 이제야 제대로 인식하게 된 것입니다. 극히 접근이 제한된 비밀스런 정보를 제외한 모든 정보는 이제 인터넷과 SNS를 통해 누구나 접근이 가능해졌습니다. 따라서 언론의 제대로 된 팩트 체크를 위해 남은 과제는 어떠한 원칙으로 이를 실행하는가에 달렸다고 볼 수 있습니다. 팩트 체크 기관들 간의 국제적 연대기구인 IFCN은 다섯 가지 원칙, ① 불편부당성과 공정성 준수, ② 정보원 투명성 준수, ③ 재정과 조직에 관한 투명성 준수, ④ 방법의 투명성 준수, ⑤ 공개적이고 정직한 수정 준수를 제시하고 있습니다.[40] 이러한 원칙 준수가 언론사에게 어려운 과제일 수 있지만 언론이 잃었던 신뢰를 회복하고 권력과의 관계에서 언론의 자유를 지키기 위한 노력이라는 점에서 의미가 클 것입니다.

권력의 사유화를 경계하라

대통령은 악평을 피해야 하지만, 만약 그럴 수 없다 해도 굳이 두려워할 필요까지는 없습니다. 대통령도 인간이기에 완벽한 성품과 자질을 갖추고 있지 못할 수 있습니다. 따라서 대통령은 사려 깊게 행동하여 악덕을 둘러싼 비판에서 벗어나는 방법을 익혀야 합니다. 미덕으로 보이는 일도 시간이 지나면 파멸로 이를 때가 있으며, 악덕으로 보이는 일도 시간이 지남에 따라 안정과 번영으로 통하는 일이 흔합니다. 악덕으로 인한 악평을 멀리할 수 있는 방법으로써 대통령은 측근과 친인척에 대해 좀 더 냉정한 태도를 견지해야 합니다. 비록 대통령의 냉정함이 측근과 친인척의 반발을 야기할지라도 국민들의 지지는 유지할 수 있을 것입니다. 측근과 친인척에 대한 후한 인심은 권력의 사유화를 가져와 법치 제도와 나라를 어지럽힘으로써 결국 국민의 경멸과 무관심의 대상이 됩니다. 한국 국민은 권력의 사유화가 국가와 구성원 전체에 해를 끼친다는 사실을 역사적 경험을 통해 뼛속 깊이 인식하고 있습니다. 따라서 대통령은 항상 측근과 친인척을 희생시킬 수 있는 냉혹함을 유지해야 합니다. 적어도 그들이 법의 테두리 밖에서 활동하는 것을 경계해야 합니다. 그리고 사회에 다양한 의견과 이해관계가 있기 때문에 언론이 항상 자기를 지지해주리라고 기대해서는 안 됩니다. 대통령의 자질 중에는 언론에 잘 대처하는 능력뿐만 아니라, 자기가 비판을 받을 때에도 이것에 실망하거나 분노하지 않고 자신이 옳다고 생각하는 정책을 꾸준히 추진할 수 있는 여유가 있어야 합니다.

　대통령의 주변인들은 그의 의견에 감히 반대하지 못하기 때문에 대통령이 정책을 구상하고 추진하는 데 있어 제재당할 일이 없는 것이 현실입니다. 이는 대통령이 독단적인 결단과 결정에 대한 직접적인 책임을 피할 수 없는 이유이며, 언론의 비판이 반드시 필요한 이유이기도 합니다. 언론 비판의 수용은 대통령이 국민의 반감을 피하는 방법이며, 안심하고 평온하게 살고자 하는 국민에 대한 배려입니다. 21세기 한국 사회에서 대통령은 다른 어느 세력보다 국민을 섬세한 배려로 만족시켜야 합니다. 아울러 대통령은 정권 창출에 지지를 보낸 국민들이 어떠한 이유로 자신을 지지해주었는지 다시 한 번 잘 파악해야 합니다. 대통령은 언론의 비판을 국민의 뜻으로 파악하고 언론과 소통하는 중요한 통로로 인식해야 합니다. 따라서 대통령은 그에 대한 언론의 의구심이 정권의 안정과 통치의 효율성을 높이는 데 필요한 요소라고 인지해야 합니다. 아울러 대통령은 언론의 비판을 자유민주주의 체제 유지를 위해 반드시 치러야 하는 대가로 인정하고 수용하는 태도가 필요합니다. 언론을 때로는 적, 때로는 동지, 때로는 정치라는 게임의 파트너로 여기는 유연함을 지닌 대통령이야말로 우리나라의 역대 대통령들이 어김없이 겪고야 마는 불운한 말로를 헤쳐 나가는 훌륭한 지도자로 기억될 것입니다.

　　　　　　　　　　　　　한국의 불행한 대통령들

3장
대통령의 불행과 정치 구조

허태회

해방 이후를 돌아볼 때, 우리의 근대사는 제3세계 많은 국가들의 부러움을 사는 성공적인 역사였습니다. 해방과 함께 찾아온 미군정 시기와 한국전쟁, 뒤이어 남북 분단이라는 역경을 겪으면서도, 우리나라는 급속한 산업화와 민주화를 동시에 성취하여 가히 세계사의 귀감이라 할 만한 발전을 이룬 바 있습니다. 그러나 이렇게 빛나는 업적에도 불구하고, 어째서 우리나라 대통령들의 말로는 하나같이 불행할까요?

　우리나라가 세계에 자랑할 만한 당당한 성취를 이룬 뒷면에는 이런 어두운 그늘이 존재합니다. 지난 반세기에 걸쳐 이룩한 온갖 업적과 경제 발전에 관한 자부심을 일거에 무색하게 만드는, 전직 대통령들의 불행이 짙은 그림자를 드리우고 있는 것입니다. 현직 대통령 시절에는 소위 '제왕적 대통령'으로 무소불위의 권력을 행사하지만, 퇴임 후에는 거의 모든 분이 어김없이 인생의 역정에서 불행한 마침표를

　　　　　　　　　　　　　　　　한국의 불행한 대통령들

찍고야 맙니다. 이러한 우리나라 대통령들의 비극은 어째서 어김없이 되풀이되는 것일까요? 이에 대한 의문을 풀어나가고 또 그 까닭을 분석해보는 것은, 우리 대통령들에 대한 이해는 물론이고, 우리 정치 현실을 깊이 성찰하며 우리 사회가 한 단계 더 성숙한 민주국가로 나아가기 위해 꼭 풀어야 할 숙제라 할 수 있겠습니다.

대통령의 불행을 설명하는 여러 가지 접근 방식

우리나라 대통령들의 불행을 설명하는 데는 여러 가지 접근 방식이 있습니다. 대통령 집무실이 있는 청와대의 터가 좋지 않다는 풍수 지리적 해석도 있고, 대통령 제도의 문제점이나 지도자로서의 리더십 문제 지적도 있습니다. 우리 나라 역대 대통령들의 실패를 연구한 함성득 교수는 『제왕적 대통령의 종언』이라는 저서에서 대통령의 실패 원인으로 다섯 가지를 제시하고 있습니다. 첫째는 반드시 성공하려는 패러다임 집착, 둘째는 박정희 대통령의 정치적 그늘에서 벗어나려는 노력, 셋째는 정치적 차별화 시도, 넷째는 청와대 내부 인사의 문제, 다섯째는 미숙한 국정 운영 등입니다.[1]

그러나 함 교수의 이런 분석은 우리나라 대통령의 불행을 이해하는 데 정확한 인과관계를 설명해주지는 않습니다. 함 교수의 연구 주제가 불행보다는 실패에 초점이 맞추어져 있고, 저술 목적이 원인보다

한국의 불행한 대통령들

는 '대통령의 성공을 위한 처방'에 맞추어져 있기 때문입니다. 우리 스스로 산업화와 민주화를 이루었다고 자부하고 있지만, 그 성공의 이면에 어두운 그늘로 존재하는 불행한 대통령의 역사를 성찰하려면 명확한 인과관계의 고리를 찾아보아야 합니다.

지금부터 역대 대통령의 불행에 대한 원인을 정치학적 분석을 통해 살펴보겠습니다. 비교정치학 분야에서 정치학자들이 이 주제에 대해 다양한 분석을 시도한 바 있습니다. 그리고 우리나라 정치 지도자들이 이에 대해 여러 의견을 제시하기도 했습니다. 여러 학자들의 진단과 함께 역대 대통령들의 자서전이나 회고록에 나타난 대통령들의 제언들을 분석해보는 것은 대통령들의 불행을 이해하게 되는 것뿐 아니라, 퇴행적인 우리 정치 행태를 새로이 발견하고 또 개선하는 데도 도움이 될 것입니다.

한국의 역대 대통령의 불행에 대한 정치학적 분석을 할 때, 우리는 두 가지 방향으로 접근할 수 있습니다. 이것은 정치적 현상을 이해하는 데 가장 일반적인 분석 방식으로, 문제의 원인이 '지도자 개인의 특성'에 기인한 것인가? 혹은 '주변 환경적 요인'에 기인한 것인가? 하는 식으로 행위자 대 구조(Agent VS. Structure)로 나누어 분석하는 것입니다.[2]

먼저 우리가 민주적인 절차를 통해 대통령을 선출했음에도 불구하고 계속 되풀이되는 대통령들의 불행의 원인을 대통령 개인의 리더십이나 자질의 문제로 간주하는 것입니다. 즉 역사의 발전과 관련하여 영웅사관의 방식으로 지도자의 리더십 문제에 초점을 맞추어 분석하는 방식입니다.[3] 또 한 가지 방법은 역대 지도자들이 처한 주변 여건이나 정치 환경에 주목하는 것입니다. 사회과학에서 '구조론'이라 불리는 접근방식으로, 사회 현상의 설명과 관련하여 주 행위자(Agent) 역할보다 주변의 구조적인(Structure) 문제에 집중하는 방식입니다. 이런 구조적인 설명은 리더들이 속한 한국 사회의 '구조 또는 제도'의 영향을 중점적으로 살펴 대통령의 불행을 초래하는 대통령 주변의 환경적 요인을 찾아보는 것입니다.

대통령들의 비극적 삶과 불행한 퇴임을 초래하는 원인을 두 번째 방법인 우리 사회의 구조적인 측면에서 찾아보고자 한다면 제도, 그리고 정치 문화, 이 두 가지 요인을 들 수 있습니다. 그 이유는 특정한 사회에서 형성된 정치 문화가 그 사회의 법과 제도를 만드는 데 영향을 미치기 때문입니다. 예를 들면 많은 나라들이 똑같은 민주주의를 표방한다 하더라도 각 나라들의 민주 제도와 법규범은 서로 다릅니다. 각기 발전시켜온 독자적인 정치 문화와 관습이 다르기 때문입니다. 정치 지도자들 역시 다소의 차이는 있겠지만, 자신이 속한 사회 안에서 살아가고 정치 문화에 영향을 받으며 자신을 둘러싼 제도에 의해 영향을 받습니다.

대통령을 불행하게 만드는 구조적인 원인

정치 제도적 요인

먼저 정치 제도적인 측면에서 가장 중요한 것은 '제왕적 대통령제'의 폐해와 '5년 단임제', '승자 독식 제도'의 부작용을 살펴보는 것입니다. 우리 현대사에서 아주 잠깐 동안 '내각책임제'를 실시했던 시기를 제외하면 제1공화국부터 최근까지 우리나라는 대통령책임제를 채택해 왔습니다. 그런데 이 대통령제에는 심각한 문제가 있습니다. 우리나라에 대통령제가 도입된 것은 해방 이후이지만, 그전까지 우리 국민들이 경험해본 정치 체제는 왕조 지배 체제뿐이었습니다. 그렇기에 우리 국민이 대통령을 왕조 시대의 군왕과 동일한 존재로 이해한 것은 어쩌면 자연스러운 현상이었습니다. 하지만 대통령제에서 대통령 1인에 대한 지나친 권력의 집중은 산업화 시기에는 민주주의를 희생시켰고, 민주화 이후에는 소통과 타협을 부정하는 권위주의의 잔재로 남아 민주적 정치 문화의 정착을 어렵게 만들었습니다.

함성득 교수는 제왕적 대통령제가 가진 권위주의적 리더십의 특징을 '편협하고 고착화된 지역 중심 정치', 권력의 1인 집중으로 '정경 유착에 따른 부정부패 발생', 정보기관, 검찰, 경찰 등 '권력 기관의 사병화', '대통령의 독단적인 국정 운영 행태' 등으로 설명합니다. 그중에서 '제왕적 대통령제하에서 대통령의 독선적인 국정 운영 스타일'에 대해 다음과 같이 이야기하고 있습니다.[4]

대통령 자신의 신명 또는 의지, 이른바 '자신의 복음'이 매우 강했다. 자유로운 비판과 토론이 활성화되지 못해 국정 운영이 독선·독단적으로 흐르는 경향도 매우 높았다. (중략) 이러한 정치 행태는 타협보다는 독선을 강조하게 되어 분열과 갈등의 정치를 조장하고 정국 혼란을 초래했다.[5]

이러한 설명은 '제왕적 대통령제'라는 정치 제도가 대통령의 개인 리더십 스타일에 따라 정치에 아주 커다란 영향을 미치고 있다는 사실을 보여주고 있습니다. 즉 겉으로 드러난 민주 사회의 모습과는 달리 우리의 대통령제 통치 구조는 일방적 하향식 형태인 중앙 집권적 형태로 운영되고 있으며, 행정부에 대한 입법부와 사법부의 견제 기능이 미약한 상태에서 임기 초반 대통령의 리더십에 의해 일방적 전횡과 독선적 행태가 구조화되는 제도라 하겠습니다.

　이 문제를 좀 더 깊게 살펴보자면 첫째, 제왕적 대통령제는 다른 정치 주체와 상호 소통하거나 협력할 정치적 기회를 경시하게 만들거나, 그러한 방식의 효용성을 감소시킵니다. 정치 지도자가 대통령 경선에 나서면서 대통령 후보로서 결정해야 할 사안과, 대통령이 되어 최고 정책 결정자로 대면하게 되는 정책 환경은 그 질과 양에 있어서 비교할 수 없을 만큼 차이가 큽니다. 그러한 정치적 결정의 상황에서 다른 경쟁자들과 소통을 한다거나 야권의 협력을 구하는 방식은 최고 권력자에게 너무 비효율적으로 보이거나 시간을 불필요하게 소모하는 것처럼 느껴질 수 있습니다. 김영삼 대통령은 군부 독재 종식과 함께 하나회 척결, 금융실명제와 같은 강력한 개혁 정책 단행으로 임기 초 매우 바빴다고 회고합니다. 김대중 대통령 역시 집권 직전에 닥친 IMF 위기 해결을 위해 동분서주한 것은 물론, 그 와중에 촌음을 아껴가며 외국 정상들을 만나야 했습니다.

　이처럼 바쁜 정치 일정과 국정 업무 때문에 대통령을 중심으로 한 권력 엘리트들은 그들만의 배타적이고 독점적인 영역을 구축하려고 시도합니다. 이것이 바로 제왕적 대통령제의 두 번째 폐해입니다. 대통령 주변의 소수 실세들이 자신들의 권력을 유지하고 보호하기 위해 소위 '패거리 정치'로 대변되는 권력의 사유화 유혹에 빠져버립니다. 자신들만이 권력을 독점하고 유지하기 위해 배타적인 '권력 울타리'

를 세우고, 이것이 결국 대통령의 불행을 초래하는 단초를 제공합니다.[6] 이들은 대통령이 이루고자 하는 목표나 정책을 위해 자신들의 영향력을 행사하는 데 그치지 않고 대통령의 이름을 빌려 자신의 사익을 추구합니다. 이처럼 대통령의 불행 이면에는 이러한 권력의 사유화가 흔하게 자리하고 있습니다.

과거 전두환 정부의 경우, 소위 '3허씨'의 정치적 농단이 있었습니다. 노태우 정부 당시에는 박 아무개의 전횡과 독선이 있었습니다. 김영삼 정부에는 '황태자'라 불리던 김모 씨 사건이 있었으며, 최근 박근혜 정부에는 최 아무개가 있었습니다. 이렇게 권력 주변에 기생하는 '패거리 정치'는 대통령을 불행하게 만드는 가장 큰 위험 요소입니다. 이들은 일단 권력을 쟁취한 그 순간부터, 다른 그룹이 권력 내부에 들어오지 못하도록 '그룹 내의 그룹'을 만들고 경쟁 세력에게 '정치적 거리 두기'를 시작합니다. 문제는 대통령의 권력을 중심으로 이렇게 측근 실세들이 구축해놓은 배타적이고 독점적인 영역이 마치 높은 담처럼 대통령을 외부와 단절시키고, 정치적 이슈나 민심 등 주위를 전혀 볼 수 없게끔 철저히 고립시키는 것입니다. 이것은 모든 독재자들이나 권위주의적인 지도자들이 공통으로 겪는 대표적인 정치 위기입니다. 이것이 중대한 위기인 이유는 '국민과의 소통 부재'로 이어지기 때문입니다.

역사상 수많은 민중 혁명이 일어났던 중대한 까닭은 이러한 혁명이

발발하기 직전까지 집권층의 그 누구도 민심의 흐름을 파악하지 못했기 때문입니다. 소수 실세들의 폐쇄적이고 배타적이며 이기적인 정치 행태가 결국 대통령의 눈과 귀를 가리어 대통령을 세상과 고립시키고 단절시켰던 것입니다.

입법부와 사법부의 견제, 언론의 감시 등 대통령의 권력에 대한 견제가 제대로 이루어지지 않을 때 '제왕적 대통령 제도'의 문제는 매우 심각해질 수 있습니다. 정치학자 오도넬은 이것을 '위임 민주주의(delegative democracy)의 위기'라 했습니다.[7] 즉 미국보다 입법부나 사법부의 견제가 약한 우리 대통령제의 경우, 최고 정책 결정자의 리더십에 크게 의존하는 약점이 두드러지게 드러날 가능성이 큽니다.[8] 위임 민주주의의 위기는 합법적 선출을 근거로 통치 위임을 주장하며, 정부가 시민 사회와 의회에 책임을 지지 않는 독단적이고 폐쇄적인 통치 현상을 일컫는데, 이런 상황에서 제도적 방책이 부재할 경우 정부의 독주를 제어할 방법이 없게 됩니다.

우리나라의 대통령 제도는 엄밀히 말해 미국과 같은 전형적인 대통령책임제는 아닙니다. 사실 우리나라 대통령 제도에는 입법부(국회)와의 관계에서 상대적 우위를 점할 수 있도록 내각제 요소가 많이 가미되어 있습니다. 이를테면 미국의 경우 각 부처 장관으로 구성되는 내각은 비서의 역할을 하는 직책으로 국회의원이 장관을 겸할 수 없으나, 우리는 대통령이 국회의원을 자신의 보좌 기관인 국무위원으로 임명할 수 있습니다. 그런데 이런 제도가 오히려 대통령이 의회를 장악할 수 있는 단초를 제공하고, 이로 인해 대통령이 의회를 경시할 수 있는 구조가 만들어진다고 볼 수 있습니다.

예컨대 국민의 눈과 귀가 되어서 행정부를 감시해야 할 국정 감사가 대통령 선거 시기만 도래하면 각 정당의 대선 후보를 둘러싼 각종 비리의 폭로 및 정당 간 공방의 현장으로 변화하는 사례는 대선 정치의 소용돌이 속에서 원내 정당화의 노력이 한계에 부딪칠 수밖에 없음을 보여주는 것이라고 할 수 있다.[9]

더군다나 우리의 경우 대통령은 모든 정무직과 대사 임명 시 상원의 인준을 받아야 하는 미국의 대통령제보다 더욱 막강한 권한을 가집니다. 여기에 군은 물론 정보 기관과 검찰, 경찰 등 주요 권력 기관의 인사를 포함하여 고위 공무원 인사까지 대통령이 직접 개입할 수 있으므로, 명목만 삼권 분립이고 행정부 수반인 대통령의 권력을 견제할 수 있는 장치가 거의 없다고 보아도 과언이 아닙니다. 어떤 이들은 박근혜 대통령의 탄핵 사건을 계기로 제왕적 대통령제가 종식되었다고 주장하지만, 그렇지 않습니다.[10] 여기에 여당이 정당으로서의 기능을 제대로 하지 못한다면 사실상 임기 초반 대통령의 권력은 그야말로 무소불위라 할 수 있습니다.

한국의 불행한 대통령들

미국의 사례를 살펴보면, 헌법 1조에 대통령의 권력을 규정한 우리와 달리 미국의 헌법 1조는 의회의 권력을 규정하고 있습니다. 독립혁명 당시 미국 헌법을 기초한 제임스 매디슨이나 토마스 제퍼슨 등이 가장 공을 들인 부분은 미국 의회의 성격과 권한에 대한 부분이었습니다. 미국의 권력 승계 서열 2위인 하원 의장은 대통령과 상대할 수 있는 막강한 위상과 권력을 가지고 행정부 수반인 대통령을 견제하는데, 여기에 미국의 언론도 가세하여 대통령의 권력을 감시하는 역할을 합니다.

　이처럼 국민들의 직접 선거를 통해 선출된 대통령에게 막강한 권력을 위임하여 국정을 효율적으로 운영케 하려는 대통령책임제는 기본적으로 삼권 분립제와 성숙한 민주적 정치 문화가 전제되어야만 제대로 작동할 수 있습니다. 그러나 그렇지 못한 경우, 본래의 제도적 순기능은 사라지고 일방적 통치 구조 아래에서 권위주의 행태로 권력의 전횡과 독선이 만연한 사회가 될 가능성이 존재합니다. 우리는 대통령제를 채택하고 있는 다른 선진국으로 미국의 사례를 자주 찾아봅니다만, 최근 등장한 미국 대통령들의 경우를 보아도 이런 정치적 위험에 빠지는 경우가 있습니다. 예를 들어 9·11 테러라는 국가적 위기를 이용하여 임기 내내 전쟁을 수행한 부시 대통령은 이라크(14년 전쟁)와 아프가니스탄(20년 전쟁)에서 제2의 베트남 사태를 초래하며 미국의 군국주의 부활을 획책하려 했다는 비난에서 자유롭지 못합니다.

우리 헌법의 경우, 국무총리가 미국 부통령보다는 훨씬 더 실질적인 권한을 가집니다. 특히 법조인으로서 평생을 보내다 김영삼 대통령 밑에서 국무총리를 역임한 이회창 총리는 제왕적 대통령제 문제와 관련하여 법률적으로 국무총리의 권한이 막강한데 대통령이 국무총리에게 부여된 권한을 인정하지 않고 제멋대로 하기 때문에 문제가 된다고 주장했습니다.[11]

우리 헌법에 의하면 총리는 조각을 하고 이것을 대통령에게 보고하여 승인을 받게 되지만, 실제로 총리는 제청만 할 뿐 영향력이 없습니다. 사실 행정부 내 국무총리는 이름뿐이고 의전 역할에 그치는 경우가 많습니다. 만약 국무총리가 헌법상에 보장된 권한을 행사해 대통령에게 도전하게 되면, 이회창 총리처럼 '4개월짜리 단명 총리'로 마칠 수밖에 없는 것이 현실입니다. 실제로 장관과 차관 같은 정무직뿐만 아니라 국장급 인사에까지 청와대가 영향력을 행사한다고 알려져 있습니다. 이러한 고질적 문제를 극복하기 위해 때때로 '분점 정부', '책임 총리제'가 거론될 때가 있지만, 의회와 사법부의 행정부 견제 기능이 극도로 약화된 상황에서 대통령 비서실 실세들의 전횡을 견제한다는 것은 매우 어려운 일입니다.

또 하나, 제도적인 측면에서 살펴보자면 서구 민주주의 제도를 이식하는 과정에서 당시의 정치 상황을 극복하기 위해 편의상 만들어 놓은 '5년 단임제와 승자 독식 제도'의 부작용이 큽니다. 이것은 자유

민주주의의 헌법으로 도입되기는 했으나, 모든 정치 의제를 정권 쟁탈에 몰입시키거나, 혹은 정치권으로 하여금 정쟁에만 빠지게 만드는 경우가 많습니다. 2007년 1월 9일 대국민 담화를 통해 '대통령 4년 연임제와 대통령과 국회의원의 임기 일치'를 담은 이른바 '원 포인트 개헌'을 제안한 노무현 대통령은 다음과 같이 5년 단임제의 폐해를 지적했습니다.

> 단임제는 무엇보다 대통령의 책임 정치를 훼손합니다. 대통령의 국정 수행이 다음 선거를 통해 평가받지 못하고, 또한 국가적 전략 과제나 미래 과제들이 일관성과 연속성을 갖고 추진되기 어렵습니다. 특히 임기 후반기에는 책임 있는 국정 운영을 더욱 어렵게 만들어 국가적 위기를 초래하기도 합니다.[12]

개혁 정책의 수명이 대통령의 임기와 직결될 수밖에 없는 상황에서 5년 단임제는 정책의 일관성과 연속성을 해치는 결정적인 장애 요인으로 작용합니다. 5년 단임제는 장기 독재를 막는 데 기여한 바가 있으나 국정 운영의 불안정성과 비효율성을 초래합니다. 5년 단임제는 새 정부가 이행하려는 정책의 연속성을 보장할 수 없는 구조적인 제약을 갖고 있습니다. 다른 나라도 마찬가지지만, 5년 단임제에서는 대통령이 행정부의 비선출 관료를 장악하기가 쉽지 않습니다. 정권의 시효와 직업 공무원의 근무 연한 사이에 큰 차이가 존재하기 때문입니다. 새 대통령은 정권이 출범할 때 현재의 시각에서 국정 과제를 추진하려 하지만, 공무원은 그 정책에 대해 미래에서 평가하는 시각으로 보게 됩니다. 정권은 변화를 모색하지만, 공무원은 안정을 지향하기 때문입니다. 이처럼 서로 바라보는 목표가 다른 상황에서 대통령과 비서실은 행정부 장악을 위해 인사권과 감찰권을 활용합니다. 하지만 공무원들은 일반적으로 복지부동의 태도를 보이기 때문에 국정 운영의 동력을 유지하는 것이 쉽지 않습니다.

이렇게 행정부 관료들에 대한 장악이 구조적으로 어려운 상황에서, 대통령의 주변인들은 대통령의 능력과 권한을 과장하거나 대통령의 리더십을 과대 포장하는 경우가 생깁니다. 즉 대통령의 국정 과제 추진에 있어 행정 관료들의 협조와 지지 확보가 매우 중요하지만 집권하자마자 급히 마련한 새 정부의 개혁 과제가 전문 관료들의 눈에는 마뜩찮을 수가 있습니다. 그럼에도 현실 여건과 거리가 있는 초대형 프로젝트를 개혁이라는 명분으로 몰아붙이거나 일방적으로 협조를 요구하면 오히려 관료들에게서는 역효과만 나타날 것입니다.

또한 앞서 지적한 '승자 독식 제도'의 문제 역시 심각합니다. 많은 서방 국가들과 달리 우리의 대통령 선거제는 '단순 다수 투표제'로, 단 한 표라도 더 얻은 후보가 당선됩니다. 국회의원 선거 역시 '소선거구제'로, 각 지역구마다 단순 다수 득표자가 당선되는 제도입니다. 이러

한국의 불행한 대통령들

한 제도를 영미식 '다수제 민주주의'라고 합니다. 의회를 단일 다수당이 차지하여 행정부를 구성하며, 행정부의 수반인 총리 역시 의회 다수당의 최고 지도자가 되므로 구조적으로 의회에 대한 행정부의 우위가 만들어집니다.[13] 문제는 입법부에 대한 행정부의 우위를 구조화시킨 이 단순 다수 투표제의 특성이 '승자 독식' 또는 '패자 전몰'이기 때문에 선거에서 패배한 정치 세력은 국정 운영 과정에서 완전히 배제되고 만다는 것입니다.[14] 결국 영미식 다수제 민주주의 제도는 정치적으로 타협과 협상의 여지를 일체 허용하지 않으며, 약자나 패자에 대한 배려 역시 전혀 없는 치열한 제로섬 제도라 볼 수 있습니다. 이러한 제도는 민주주의의 핵심인 '관용과 포용'이 설 자리가 없게 만듭니다. 15대 대통령 선거에서 김대중 후보에게 1.6%의 차이로 패배한 이회창 후보는 당시의 선거전을 다음과 같이 묘사하고 있습니다.

> 특히 대선이 임박하게 되면 정치의 전쟁터에서는 그야말로 불꽃 튀기는 공격과 반격전, 백병전이 벌어지며 정신을 차리기 어려운 혼전 상태가 된다. 여기에서는 눈앞에 닥친 선거에서 이겨 정권을 잡는 것만이 최고의 선이고 최고의 가치가 되어버린다.[15]

우리나라 대통령제의 문제점을 연구한 진영재 교수는 역대 대통령의 정치적 실패에 대한 근본적인 원인을 상대보다 한 표라도 많으면 당선되는 이 '단순 다수 대표제'에 있다고 주장합니다.[16] 즉 대통령 선거에서 '결선 투표제'를 채택했더라면 결선 2차 투표 과정에서 정당 간의 합종연횡을 통하여 과반수 연합이 가능했을 것이며, 따라서 대통령의 안정적인 국정 운영 기반을 처음부터 구축할 수 있었을 것이라는 주장입니다. 사실 1987년 이후 대통령 선거에서 50% 이상의 득표율을 차지한 후보는 박근혜 대통령이 유일합니다. 진 교수의 이런 지적은 선거 제도의 장단점을 따지는 문제보다 더 중요한 시사점이 있습니다. 그것은 우리의 대통령 선거 제도와 국회의원 선거 제도 자체가 의회에 대한 행정부의 우위를 구조화시키는 문제뿐만 아니라, 나와 다른 편에 선 정치 세력과의 소통이나 협치의 효용성을 감소시킨다는 것입니다.[17] 현재의 승자 독식 제도와 5년 단임제는 대통령의 책임 정치 실현을 어렵게 하며, 지나치게 경쟁과 승리에만 집착케 하여 민주주의 발전에 중요한 포용과 관용, 통합과 화합을 무의미하게 만드는 경향이 있습니다.

더구나 승자 독식의 치열한 경쟁 구도에서 각 정당들은 선거 승리에만 집중하다가 정책 수립 능력 및 국정 운영 역량을 키울 틈을 갖지 못하고, 집권에 성공했을 경우 대권은 잡았지만 시간과 기득권 세력의 반발에 쫓겨 졸속으로 개혁 과제를 마련하기 십상입니다. 제17대 대통령직 인수위원회의 정무분과 간사 위원을 역임한 진수희 위원은 나중에 인수위 경험과 관련하여 "제가 생각하기에는 선거 준비에만 집중하다 보니 국정 운영에 대한 계획이 전혀 없었던 것 같습니다"라고 술회한 적이 있습니다.[18] 또한 김대중 정부와 노무현 정부에서 일했던 이병완 기자 역시 이 문제를 매우 솔직하게 돌아보고 있습니다.

> 다음 대선에서 어떤 정책과 전략으로 집권하느냐는 그들의 관심사가 아니었다. 대선은 누구를 후보로 세우고, 지역을 어떻게 결합시켜 가느냐는 정치 공학적 문제였다.[19]

더욱 큰 문제는 이처럼 5년 단임제가 갖고 있는 어려운 국정 운영 상황에서 야권 세력이 이제나저제나 새 대통령의 정책 실패만을 열망하며 기다린다는 것입니다. 특히 정권 교체로 새 정부가 들어섰을 경우, 야당의 전문가들이 새 정부보다 개혁 과제의 문제와 오류를 더 잘 파악하고 있을 가능성도 충분합니다. 사실 5년 단임제에서 야당의 최고 집권 전략은 새 정부가 정책 실패를 하게 만들고, 나아가 대통령의 실패를 유도하는 것입니다. 대통령 선거에서 진 야권으로서는 그간 '선거 승리'에만 집착하다가 국정 운영 준비가 잘 되어 있지 않은 새 대통령의 성공보다는 실패를 염원하며 사사건건 새 정부의 발목을 잡아 정책 실패를 유도하는 것만큼 쉬운 집권 전략이 없을 것입니다.

여기에서 '제왕적 대통령제'의 문제와 '5년 단임제' 및 '승자 독식 제도'가 복합적으로 작용하게 되면, 우리 대통령들의 불행한 말로를 쉽게 예측할 수 있는 '권력 정치의 민낯'을 볼 수 있습니다. 대통령직을 쟁취한 새 대통령과 집권 세력은 임기 초 개혁에 대한 국민적 열망 덕분에 보통 70%가 넘는 국민적 지지를 누리곤 합니다. 그런 상황에서 의외로 여야 갈등보다 먼저 여여 갈등이 일어납니다. 대통령 측근들을 포함한 집권 세력 간 갈등입니다. 정권 쟁취에 따른 권력 독점과 논공행상 문제가 그 원인입니다. 먼저 대통령 주변 핵심 실세들이 권력 독점을 위해 자신들의 영역에 경계를 짓고, 다른 세력들이 들어오지 못하게 '정치적 거리 두기'를 시작합니다. 대통령 주변 측근들의 행태가 이러하니 그간 함께 정권 창출에 기여해온 다른 집권 세력이나 여당 내부의 불만이 쌓이지 않을 수 없습니다. 우리나라의 경우 대통령의 허니문은 1년이 넘어가지 않습니다. 정권 쟁탈전에서 패배한 야권은 어차피 5년 단임제 체제에서 새 대통령의 실패가 자신들에게 더 유리할 것이므로, 애초에 새 대통령의 개혁 과제를 지지할 이유가 없습니다. 우리나라 정당들이 똑같은 정책이라도 여당이냐, 야당이냐에 따라 입장이 180도 달라지는 가장 큰 이유입니다.

그런데 이런 상황에서 대통령의 당선과 함께 권력을 쟁취했던 측근들, 혹은 '비선 실세'들의 비리 사건이 터지는 경우가 있습니다. 당연히 새 정부의 개혁을 열망했던 국민들의 지지와 기대는 금방 식어버리고, 대통령의 인기와 지지도 역시 급락하게 되는 것도 물론입니다. 그동안 권력에서 소외되었던 여권 인사들이나 지지층 역시 대통령 측근 비리를 빌미 삼아 등을 돌리거나 지지층에서 이탈하게 됩니다. 대통령의 지지도가 70%를 상회하다가 1년이 지나면 50%, 비리 사건이 터지거나 권력 남용 문제가 터지면 다시 40% 밑으로 떨어집니다. 야권 세력이 정부 정책의 발목을 잡으며 공세를 강화하는 상황에서 이제 집권 세력 중에서도 일부가 이탈하기 시작하면, 대통령 지지층은 급격히 줄어들어 임기 말이 되면 지지도가 끝없이 곤두박질칩니다. 이러한 상황에서 총선을 준비하거나 새로운 대통령 후보를 내세워 정권 재창출에 나서야 하는 여당에게는 이 인기 없는 대통령이 무척 부담스러운 존재입니다. 각자 이유는 조금씩 달랐으나 노태우 대통령, 김영삼 대통령, 김대중 대통령, 노무현 대통령, 이명박 대통령까지 모두 임기 말 탈당하거나 당적을 버려야 했습니다. 퇴임 무렵의 대통령은 더 이상 제왕적 대통령이 아니라 당의 '천덕꾸러기'가 되어버립니다. 홀로 광야를 헤매는 '리어왕'의 신세와 다를 바 없습니다. 이런 대통령의 고립과 단절은 정권 재창출에 성공한 경우라고 해도 큰 차이가 없는 듯합니다. 김대중 정부와 노무현 정부 시절 청와대에서 일했던 이병완 기자는 다음과 같이 회고하고 있습니다.

그러나 앞서 언급했듯이 정권 담임 세력이 자파 세력을 다음 집권 세력으로, 정확하게는 다음 대통령으로 만들기 위한 전략적 역할과 노력을 쏟아내 성공한 사례들은 있지만, 후임 집권 대통령이 전임 정권의 정치적 비전과 정책

지향을 승계·발전시켰다기보다는 전임 정권에 대한 부정과 비판이라는 정치적 차별화를 통해서 오히려 전임 정권과의 역사적 단절을 선택했다.[20]

　　야당의 정권 교체이건 여권의 정권 재창출이건, 전임 대통령에 대한 새 대통령의 승계나 예우는 기대하기 어렵습니다. 개혁의 열망에 들뜬 국민들을 정치적 기반으로 삼고 있는 새 대통령에게는 인기 없는 전임 대통령을 승계한다는 것이 정치적 부담으로 작용할 수 있습니다. 오히려 전임 정부의 실책을 비판하고 기존 정부와 새로운 정부 간의 차별성을 강조하는 것이 개혁의 동력으로 작용할 수 있으므로, 새 정부로서는 전임 정부의 비리를 개혁의 명분으로 삼는 것이 쉽고도 편리한 방법입니다. 그리하여 권력 내부의 변화, 그리고 권력의 속성으로 인한 새 정부의 이런 차별화가 퇴임 대통령의 불행한 말로를 예정하는 공식처럼 되고 말았습니다. 결국 짧은 임기 내에 전임 정부의 정책 실패나 권력 비리를 국정의 동력으로 삼아 의욕적으로 개혁을 추진하려 했던 '제왕적 대통령'은 5년이라는 제한적 임기와 치열한 승자 독식 제도, 그리고 권력의 역학 관계 변화로 인해 측근 실세들의 권력 비리가 불거질 때 즈음 국민적 지탄의 대상으로 전락하고 맙니다. 더 이상 권력 기반도 없고 국민의 지지도 없는 퇴임 무렵의 대통령은 불과 5년 전 쓸쓸하게 퇴임한 전임 대통령과 같은 운명에 처합니다. 새 정부 개혁의 제물이 되는 쓸쓸한 한국식 권력 정치의 민낯과 마주하게 됩니다.

　이처럼 제왕적 대통령제와 5년 단임제, 승자 독식 제도는 한국 사회의 폐쇄적이고 배타적인 경쟁 구조와 정쟁의 대립 구도를 고착화시켰을 뿐만 아니라, 대통령의 불행을 제도화하는 구조로 작용하고 있습니다.[21] 이런 5년 단임제의 문제를 누구보다 심각하게 인식했던 노무현 대통령은 '대통령 4년 중임제와 국회의원과 대통령 임기 일치제'를 위한 개헌을 제안한 적도 있습니다. 하지만 그런 제안을 야당이 받아들이지 않자 다음과 같이 자신의 입장을 설명했습니다.

　대통령 선거를 앞둔 시점에서 대통령이 갑작스럽게 개헌을 제안하는 것은 어떤 정략적인 의도가 있는 것은 아니냐는 비판이 있을 것입니다. 그러나 결코 어떤 정략적인 의도도 없습니다. 대통령 4년 연임제, 대통령과 국회의원의 임기를 일치시키는 개헌은 대통령 선거를 앞둔 어느 정치 세력에게도 유리하거나 불리한 의제가 아닙니다. 누가 집권을 하든, 보다 책임 있고 안정적으로 국정을 운영할 수 있는 기반을 만들자는 것입니다.[22]

　노무현 대통령은 이런 자신의 개헌안을 '순수한 것'이라고 강변했지만, 여야가 정권 쟁탈에 첨예하게 몰두하고 있는 상황에서 그런 제안이 '순수하게' 받아들여지는 것은 불가능에 가까웠습니다. 현직 대통령이 정책 실패를 겪고 있어 야권의 정권 탈환이 유망한 상황이라면, 야권이 그런 제안을 받아들일 리 만무하기 때문입니다.

이렇게 제왕적 대통령제와 5년 단임제, 승자 독식 제도의 문제점을 살피다 보니 이러한 제도들이 어느 날 갑자기 만들어진 것이 아니라, 우리 정치 문화와 깊은 연관성이 있어 보입니다. 앞에서 잠시 언급했지만 많은 나라들이 똑같은 민주주의를 표방한다 하더라도 각 나라들의 민주 제도와 법규범은 제각기 다릅니다. 그것은 모두 각기 발전시켜온 독자적인 정치 문화와 관습이 있기 때문입니다. 즉 우리 사회에서 오랫동안 형성된 정치 문화가 오늘날 우리 대통령의 불행을 초래하는 정치 제도에 영향을 미쳤다고 볼 수 있습니다. 그러한 측면에서 우리 사회의 정치 문화가 어떻게 대통령의 불행과 관련이 있는지 살펴보겠습니다.

정치 문화적 요인

대통령의 불행을 초래하는 정치 문화적 요인으로 우리가 반드시 주목해야 할 것이 있습니다. 그것은 국민들 간에 갈등과 대립을 부추기는 '지역대결주의'입니다. 오랫동안 한국 사회의 병폐로 지적되어온 지역대결주의는 한국 사회의 중요한 시대적 과제였던 '87년 체제'의 개혁을 방해하는 정치 문화적 요인으로 작용해왔습니다. 이러한 지역대결주의는 1970년대 초 지역감정 문제로 시작하여, '3김 시대'에는 지역분열주의, '3김 이후'에는 보혁 대결 구도와 결합된 지역대결주의로 진화해왔습니다. 이렇게 첨예한 지역감정과 정치적 대립 구도는 국가 간 경쟁이 나날이 치열해지는 세계적 위기 상황에서 지역주의를 넘어설 수 있는 유능한 정치 지도자의 등장을 막고, 새 대통령의 정책 성공을 방해하며, 정치 개혁 이슈와 논의 자체를 모조리 삼켜버리는 '정치적 블랙홀'이 되고 있습니다.[23] 역대 대통령 중 스스로를 지역감정의 최대 피해자라 회고하는 김대중 대통령은 자서전에서 다음과 같이 지역감정 문제를 밝히고 있습니다.

이제 지역감정에 관해서 이야기해보자. 나는 기회가 있을 때마다 망국적 지역감정을 타파해야 한다고 얘기했다. 한국 현대사에서 지역감정의 최대 피해자는 '김대중'이었다. 이는 누구도 부인할 수 없을 것이다.[24]

이러한 지역감정의 발단이 언제인지, 또 어떤 요인에 의해 시작되었는지는 명확하게 밝혀내는 것이 어렵습니다. 그러므로 오늘날 우리 한국 사회의 정치 지형을 영호남 간 극심한 대립과 갈등의 구도로 몰아넣고 여야 간의 협력보다는 끊임없는 정쟁을 하게끔 만드는 지역분열주의의 폐해를 우선 '3김 시대'부터 살펴보겠습니다. 김대중 대통령은 선거에서 여권이 지역감정, 혹은 지역분열주의를 이용하는 것과 관련하여 13대 대통령 선거 당시의 상황에 대해 자서전에서 이렇게 회고합니다. "정부와 여당은 다시 지역감정을 선동했다. 그리고 나와 김영삼 후보 쪽을 갈라놓는 공작을 펼쳤다. 김대중 유세장에서는 김영삼을 연호하고, 김영삼 유세장에서는 김대중을 지지한다며 방해했다."[25] 이렇게 지역감정의 정치적 이용은 유권자들의 지역에 대한 애착과 관심을 정치적으로 승화시키는 것이 아니라, 정치적 투쟁과 보복의 빌미로 이용하거나 선거 승리만을 위한 수단으로 삼는 경우가 많습니다.

> 훗날 밝혀졌지만 우리의 짐작대로 지역감정을 조장하려는 전두환 정권의 치밀한 계획이 있었다. 11월 29일 노태우 후보의 광주 유세에서도 연설 도중 각목이 날아들고 시위대가 연단으로 몰려들어 연설이 중단되었다. 그런 일이 있으면 언론은 이를 지역감정이라고 보도했다. 그 초점은 반호남 정서를 자극하는 것이었다. 민주화 열기를 분산시키는 전략의 핵심은 지역감정을 자극하는 것이었다.[26]

이처럼 선거 때마다 정치 공학적으로 이용되었던 지역주의 문제에 대해 가장 심각성을 크게 느끼고 정치 개혁 과제로 극복하려고 했던 정치인은 아마도 노무현 대통령인 것 같습니다. 자신의 고향인 부산 지역의 국회의원 선거에 여러 번 출마했지만 호남 지역에 기반을 둔 정당에서 공천을 받았기 때문에 매번 낙선을 경험한 노무현 대통령은 지역주의 문제를 민주주의 발전에 가장 큰 저해 요인으로 보고 좌절감을 토로한 바 있습니다.

정치의 발목을 잡고 있는 가장 암적인 요소들이 지역 분열입니다. 기회주의입니다. 이것을 한번 극복하고 바로잡아 보고 싶었던 것이 제 정치적 목표입니다. 이것이 성공하면 역사가 앞으로 발전하게 되는 것입니다. 거기에 목표를 두었는데 거의 원점으로 되돌아간 것 같습니다. 그래서 좌절감을 느끼는 것입니다.[27]

이런 극심한 지역분열주의는 기본적으로 정당 정치의 발전을 막는 중요한 장애 요인이 됩니다. 지역 대결로 인해 선거의 본질인 정당 간 경쟁을, 정책으로 판단하지 않고 단순한 지역주의 정서에 근거하여 투표하도록 하기 때문에 정당의 정책 개발을 무의미하게 만들며, 정치 개혁 역시 어렵게 만듭니다. 과거에도 명망 있는 지도자들이 이러한 지역분열주의가 갖는 폐해를 인식하여 이 문제 해결을 위해 비상한 노력과 관심을 기울였습니다. 하지만 최근에도 일부 정치권이 이러한 지역주의를 종식시키기보다 오히려 부추기는 경우를 쉽게 볼 수 있습니다. 총선이든 대선이든 영호남을 기반으로 하는 정당들이 지역에 정치적 뿌리를 두고 계속 악용하는 지역분열주의는 한때 '망국병'

이라는 지탄을 받으며 얼핏 한국 정치에서 퇴출되는 듯했지만, 지난 21대 총선에서 우리는 이 망국병이 여전히 건재하고 있음을 목격했습니다.

지역주의는 사실 우리나라만의 문제는 아닙니다. 이른바 선진국들도 지역주의 문제가 없지 않으며, 유권자들이 자신들이 속한 지역 출신 지도자를 선호하고, 선거 캠페인에서 이를 이용하는 경향이 분명 존재합니다. 그러나 우리처럼 망국병으로 불릴 정도의 심각한 지역분열주의는 찾아보기 어렵습니다.

여기에 지역분열주의로 인한 사회 갈등 문제가 고질병으로 발전하게 되는 데 큰 영향을 미친 또 하나의 요인은, 해방 이후 우리 사회 저변에 고착화된 '진보와 보수 간 대결 구도'가 지역 문제와 결합했기 때문이라고 볼 수 있습니다. 해방 이후 우리 정치 지형에 굳어진 지역주의와 더불어 보수와 진보, 우익과 좌익의 이념적 성향으로 대립되는 보혁 대결 구도가 결합되어 적대적 진영으로 갈라지고 말았으며, 그 결과 무조건 상대를 배격하고 증오하는 행태를 보이게 되었습니다. 물론 건강한 사회라면, 진보와 보수가 균형적으로 발전하고 서로 간의 타협과 관용을 통해 안정과 변화의 정치가 번갈아 성장하는 것이 바람직할 것입니다. 하지만 오늘날 한국 사회의 지역주의와 보혁 대결 구도의 결합은 그런 정정당당한 정치적 경쟁이 아니라 정치 공학적 야합에 가깝습니다.

한국의 불행한 대통령들

지역분열주의에 보혁 간 대결 구도가 결합된 최초의 사례는 아마 노태우 정부가 마련한 '3당 합당' 사건이라고 할 수 있겠습니다. 1990년 1월 22일 노태우, 김영삼, 김종필 간의 '3당 합당'과 관련하여 당시 통일민주당 총재였던 김영삼 대통령은 자신의 결정이 오랜 고민 끝에 군정을 종식하고 새로운 시대를 열기 위한 '구국의 결단'이라 주장했습니다.

> 지난 2년간의 4당 체제는 철저히 지역성에 기초한 구조이기 때문에 국민에게 정치 불안과 불확실성을 안겨주고 있다. (중략) 그러므로 구국적 차원에서 정계 개편을 생각해야 할 때라고 확신한다.[28]

하지만 당시 영등포 을구 재선거에서 나타난 평민당 지지도와 우호적인 민심의 흐름에 고무되어 있던 김대중에게 이 '3당 합당'은 청천벽력과 같은 것이었으며, '전라도를 고립시키는 우리나라 정치사에 최악의 지역주의를 조장한 것'에 지나지 않았습니다. 김대중 대통령은 이 사건을 '민심에 대한 쿠데타'라고 규정하면서 다음과 같이 술회하고 있습니다.

> 3당 합당은 누가 뭐래도 밀실 야합이다. 당사자들은 '보수 세력의 대연합'이라고 주장하고 싶겠지만 역사는 그렇게 기록하지 않을 것이다. 그것은 반

(反)민주의 야합이고 반(反)호남의 연합이었다.[29]

지역주의의 최대 피해자라고 스스로를 인식하고 있던 김대중 평민당 총재에게 여권이 기획한 '정책 연합'은 단순한 '반호남 연합'에 지나지 않았을 것입니다. 아래의 회고록은 노태우 대통령이 차기 정권 재창출을 위해 '3당 합당'이라는 깜짝쇼를 벌였을 때, 당시 김대중 평민당 총재의 실망감을 느낄 수 있는 대목입니다. 흥미로운 사실은 이러한 정치적 기획이 김영삼 총재보다 김대중 총재에게 먼저 제안이 갔다는 것입니다. 그래서 김대중 총재는 당시 보궐선거에 나타난 지지도에서 김대중의 평화민주당에게 밀리던 김영삼의 통일민주당이 집권 욕심에 눈이 멀어 이를 받아들임으로써 여권의 음모에 가담했다고 생각했습니다.

그 쿠데타의, 야합의 주역이 김영삼 씨였다는데 나는 충격을 받았다. (중략) 한때의 민주화 동지로서 지금도 안타깝다. 민주주의에 대한 열망보다는 집권욕이 앞섰다고밖에 볼 수 없었다.[30]

이처럼 한국 사회의 정치 지형을 극심한 대립과 갈등의 구도로 몰아넣고 여야 간 협력보다는 정쟁으로 일관되게 만드는 지역분열주의가 이 사건을 계기로 보혁 대결 구도와 결합되어 현재까지도 우리 사회의 정치적 바탕을 이루고 있습니다. 해방 이후 우리 정치 지형에 굳어진 지역주의 문제도 심각하건만 여기에 보수와 진보, 우익과 좌익의 이념적 성향으로 나뉜 정치 세력들이 산업화 세력 대 민주화 세력의 적대적 진영 구도와 결합함으로써 우리의 퇴행적 정치 문화로 자리를 잡게 된 것입니다.

이후 김영삼 총재는 민주자유당이라는 집권 여당의 후보로 나서 제14대 대통령으로 당선되지만, 김영삼과 김대중이라는 우리 한국 정치의 대표적인 지도자 사이에 파인 갈등의 골은 더욱 깊어만 갔습니다. 14대 대통령 선거 결과 역시 전형적으로 지역성이 나타난 선거였습니다. 이를테면 김영삼 후보가 부산에서 155만 표, 전남에서는 5만 3,000여 표를 득표를 한 반면, 김대중 후보는 부산에서 26만 표, 전남에서 117만 표를 득표했습니다. 이런 지역적 불균형의 득표 결과에 대한 질문에 김영삼 당선자는 다음과 같이 답변했습니다.

> 미국을 비롯한 세계 어느 나라에도 지역적 감정은 있는 것이다. 이번에 전국에서 고르게 표를 얻어 만족하게 생각한다. 이번과 같은 선거에서 40%의 득표율을 넘기며 당선된 것은 대단한 것이다. 안정 속의 개혁을 바라는 국민의 참뜻이 반영된 결과이다.[31]

27살에 최연소 국회의원으로 당선되어 1970년대에 김대중과 함께 '40대 기수론'을 주창하면서 일찍부터 대한민국 대통령이 되길 염원했던 김영삼에게 지역주의 문제는 그다지 심각하지 않았던 것처럼 보입니다. 젊은 나이에 정치에 입문한 후 김대중처럼 지역감정 문제나 색깔론으로 크게 피해를 본 적이 없었기 때문인지도 모릅니다. 그러나 이 두 사람 사이의 갈등과 대립은 우리나라의 정치 발전이나 민주주의 발전에 전혀 바람직한 일이 못 되었습니다. '3당 합당' 이전 우리나라 민주주의 역사의 큰 봉우리인 '6월 민주항쟁' 이후, 전두환 정권이 대통령 직선제를 수용하면서 당시 민주화 운동의 대표 주자였던 김대중과 김영삼이 '후보 단일화'에 성공했더라면, 두 사람 중에 한 사람이 대통령이 되어 우리나라의 정치 문화가 한 단계 더 발전했을 것입니다. 그러나 한 치의 양보도 없이 서로 자신이 먼저 대통령이 되어야 한다는 팽팽한 대결 끝에 결국 단일화 협상은 결렬되었고, 민주화 세력이 분열하는 가운데 당시 여당 후보였던 노태우가 어부지리 격으로 대통령에 당선되었습니다. 당시의 선거 패배에 대해 김대중 후보는 다음과 같이 술회합니다.

결국 선거에서 나는 졌다. 12월 16일에 치른 대통령 선거의 투표 결과는 노태우 후보가 36.6%의 득표율로 1위를 차지했다. 김영삼은 28.6%, 나 김대중은 27.1%였다. 선거는 명백한 부정선거였다.[32]

당시 선거 패배에 대해 자책하면서 김대중은 스스로 양보하지 않은 것을 후회했다고 합니다. 이 단일화 실패 사건을 계기로 김영삼과 김대중은 서로 한 치의 양보도 없이 대립을 거듭하며 끝이 보이지 않는 라이벌 대결을 펼치게 됩니다. 왜 두 사람은 그토록 극한의 대립을 불사했을까요? 단지 두 사람의 개인적인 욕망, 즉 대통령 집권욕이 그러한 충돌의 원인이었을까요? 중요한 것은 당시 두 사람이 이미 우리나라의 오랜 민주화 운동의 대표적인 지도자였지만, 또한 정치인으로서 자신들의 지원 세력인 영남과 호남의 대표자였다는 사실입니다. 군부 독재와의 오랜 투쟁과 정치 생활을 거치면서 두 야당 지도자는 각자 자신들의 고향 지역을 확고한 정치적 기반으로 구축하고 있었습니다. 그렇기 때문에 지역감정, 그리고 지역주의에 근거한 정치 활동을 '망국병'으로 치부하면서도 이를 완전히 배척할 수도 없는 입장이었던 것입니다. 이후 한국의 정치 지형은 김종필의 충청 지역까지 가세하면서 영남, 호남, 충청이라는 3개 지역으로 나뉘게 됩니다. 충청 지역을 대표하는 김종필의 경우 양 지역과 비교했을 때 비슷한 세력을 구축하지는 못했지만, 중간에서 캐스팅보트를 쥐고 한 번은 영남의 김영삼을, 한 번은 호남의 김대중을 지원하여 두 사람을 다 대통령으로 당선하게끔 일종의 '킹메이커' 역할을 하게 됩니다.

그러나 14대 대통령 선거 결과, 역대 어느 때보다 자신의 당선 가능성을 희망적으로 보았던 김대중 후보는 큰 충격과 패배의 좌절감으로 정계 은퇴를 선언합니다. 선거 후 승자인 김영삼 대통령이 몇 번의 회동 제의를 했지만 김대중은 이를 모두 거절하고 영국으로 떠났습니다. 흥미로운 것은 짧은 영국 체류를 마치고 귀국한 김대중이 1995년 7월 정계 복귀를 선언하면서 다시 대통령 선거에 나서게 되는데, 이번에는 집권 여당인 신한국당의 이회창 후보를 상대하기 위해 충청권의 대표 주자인 김종필을 끌어들여 소위 'DJP 연합'을 이룬 것입니다. 결국 충청 지역의 맹주였던 자유민주연합의 김종필 후보의 지원과 여권의 분열로 인해 국민회의 김대중 후보가 40.3%의 득표율을 차지하며 15대 대통령으로 당선됩니다. 당시의 'DJP 연합'은 김대중 후보에게 결코 정치적 야합이 아닌 '공동 정부 구성' 전략이었다고 합니다.

> 그때까지도 DJP 연합에 대해 일부에서 야합이라는 시각이 있지만 나는 그렇게 보지 않는다. 독일에서도 사민당이 기민당과 연합하고, 기민당이 기사당과도 연합한다.[33]

1997년 7월 여론 조사를 보면 이회창 후보 48.9%, 김대중 후보 26.2%, 김종필 후보 10.8%의 구도로 한나라당의 이회창 후보가 가장 높은 지지도를 보이고 있었습니다. 그런 상황에서 자민련의 김종필 후보가 국민회의 김대중 후보를 지지하기로 하여 단일화를 이룸에 따라 15대 대통령 선거전은 새로운 국면을 맞이합니다. 이후 한나라당 경선 과정에서 경선 결과에 불복한 이인제 후보가 탈당하여 여권 표를 분열시켰고, 11월 말에 불어 닥친 'IMF 금융위기', 이회창 후보의 '아들 병역 비리 의혹' 문제가 겹치면서 마침내 김대중 후보가 대통령에 당선됩니다. 대통령 선거에 네 번이나 도전하여 마침내 꿈을 이룬 김대중 대통령에게는 자신과 김종필의 DJP 연합이 일종의 '공동 정부 구성'을 위한 전략, 그리고 '수평적 정권 교체'를 이루기 위한 전략이었다고 하나, 1.6%라는 간발의 차이로 대통령 선거에서 패배한 이회창 후보에게는 '순전히 선거에서 이기기 위한 뻔한 야합에 지나지 않는' 것으로 보일 뿐이었습니다.[34] 이회창 총재는 회고록에 당시의 정치 상황에 관하여 기록하고 있습니다.

> 그런데 11월 3일 마침내 두 사람은 대선 후보 단일화와 DJP 연합을 성사시키고 공동선언문을 발표했다. 나는 DJP 연합은 권력 나누어 먹기이고 3김 정치의 연장 획책에 다름없다고 강하게 비판했다.[35]

당시 15대 대통령 선거에서 김대중 후보에게 1.6%(김대중 40.3%, 이회창 38.7%, 이인제 19.2%)의 근소한 차이로 패배한 이회창 한나라당 후보에게 DJP 연합은 결코 '성공한 정치'라고 인정할 수 없는 것이었습니다. 이 선거 결과 역시 당시의 전형적인 지역주의 선거 양상을 그대로 보여주고 있습니다. 이회창 후보의 경우 비록 전남에서 어린 시절을 보내고 잠깐 동안 청주에서 성장했지만, 이후 중앙 정치 무대에서 한나라당의 대선 후보로 부상하면서 영남권을 대표하는 정치인이 되었습니다. 반면 군인으로 5·16 군사정변에 가담하면서 박정희 대통령의 2인자 역할을 하다가 10·26 사건 이후 충청권을 대표하는 정치인으로 변신한 김종필 자민련 총재는 3김 시대의 주역으로 김영삼과 김대중이 대통령으로 당선되는 데 큰 역할을 합니다. 이후 김대중 정부가 출범하고 잠시 국무총리를 역임하지만, 자신의 오랜 정치적 염원인 '내각제'의 꿈을 접고 조용히 쇠락의 길을 걷습니다.

김영삼과 김대중, 숙명의 맞수였던 이들은 한국 민주주의의 암흑기라 할 수 있는 1970년대에 손을 잡고 우리나라 민주주의 발전에 크게 공헌했으며, 함께 한국 현대사의 대표적인 정치인으로 성장했고, 김종필의 등장과 함께 '3김 정치' 시대를 열기도 했습니다. 세계사적 전환기에 우리 정치사에 큰 족적을 남긴 두 전임 대통령과, 항상 2인자에 머물렀지만 충청권 맹주로서 영향력을 지니고 정치를 함께한 김종필의 정치적 역정을 돌아보면, 이들은 지역주의의 가장 큰 피해자인 동시에 가장 큰 수혜자였는지도 모릅니다.

지역주의 성향을 나타내는 역대 대통령 선거 결과

역대 대선	양 지역 대표 후보	광주/전라	대구/경북	비고
16대 대선	노무현	93.2	20.2	
	이회창	4.8	75.5	
17대 대선	정동영	80.3	6.4	
	이명박	8.9	71.1	
18대 대선	문재인	89.2	19.05	
	박근혜	10.3	80.95	
19대 대선	문재인	61.9	21.75	안철수, 유승민
	홍준표	2.0	47.0	

* 2020년 8월 4일 중앙선거관리위원회 자료

이제 '3김 정치'가 종식되었으니 많은 사람들이 기대한 것처럼 지역 분열주의 역시 마땅히 함께 사라져야 하건만, 사라지기는커녕 여전히 우리 정치 현실에 맹위를 떨치고 있는 기이한 현상이 나타나고 있습니다. 위 표는 지역주의 성향의 투표 행태를 보여주기 위해 3김 이후의 역대 대선 득표율을 단순 수치로 비교해본 것입니다. 물론 표에서 보면 최근의 19대 대선 결과는 후보들의 지역성 득표율이 20% 정도씩 감소되는 경향을 보이고 있어 지역주의 성향 투표가 감소한 것이 아닌가, 기대할 수가 있는데 사실 그렇지 않습니다. 19대 대선은 전국 득표율 21.4%를 차지한 안철수 후보와 6.8%를 차지한 유승민 후보가 출마하여 각 지역의 지역주의 성향 득표를 일부분 잠식했기 때문에 그런 현상이 나타난 것입니다.

『한국형 발전국가의 국가이념과 정치제도』라는 저서에서 손병권 교수는 "민주화 이후 한국의 국회의원 선거 제도는 특정 지역의 배타적이고 전폭적인 지지에 기반한 지역 패권 정당을 창출하는 데 기여했는데, 이는 근본적으로 지역주의 투표 행태를 바탕으로 가능했다"라고 분석하고 있습니다.[36] 왜 3김 이후에도 여전히 지역주의가 살아남아 우리 사회에 막강한 정치적 영향을 미치고 있는 것일까요? 과거 지역주의 정치의 대명사로 불린 3김이 사라진 이후에도 이런 문제가 여전히 우리 사회에 작용하고 있는 이유는 명백합니다. 누군가가 이런 지역주의를 계속 이용하고 있기 때문입니다. 최근 한국 사회의 경우, 그동안 절대적인 존재였던 3김 리더십의 퇴장 이후에도 지역주의에 보혁 대결 구도가 결합해 '지역대결주의'로 진화하여 한국 정치 지형의 근간을 이루고 있기 때문입니다. 이 문제를 일찍이 간파한 바 있었던 노무현 대통령은 다음과 같이 지적하고 있습니다.

지역 구도가 3김 시대가 끝나면 해소될 거라고 이렇게 말씀하시는 분들이 많이 있습니다. 그런데 그렇지 않을 수도 있습니다. (중략) 왜냐하면 지역 구도가 단지 3김 정치로부터 비롯된 것이라고 한다면 그것은 3김 시대가 끝나면 끝날 수 있습니다만 지역 구도가 그 이전에 그 이상의 깊은 뿌리와 원인을 가지고 있습니다. (중략) 역시 지역감정을 부추기면서 지역감정을 정치의 수단으로 계속 사용하고 있는 정치가 계속되는 한 이것은 계속될 가능성도 있습니다.[37]

한국의 불행한 대통령들

2020년 4월 15일 21대 총선의 결과는 이런 지역주의 투표 행태가 오히려 심화되고 있다는 것을 보여주었습니다. 우리 정치사에서 몇 번의 정치적 굴곡과 격변을 겪었어도 지역분열주의는 결코 사라지지 않았습니다. 사라지기는커녕 보혁 구도와 결합하여 진영화되는 양상을 보여주고 있습니다. 따라서 이처럼 첨예한 지역감정과 적대적 보혁 구도로 대변되는 지역대결주의는 요즘처럼 국가 간 경쟁이 치열해지는 세계적 위기의 상황에서 지역 문제를 초월할 수 있는 유능한 정치 지도자의 등장을 막을 우려가 있습니다. 또한 대통령의 성공보다 정책 실패를 유도하게 하고 정치 개혁 이슈와 논의 자체를 모조리 삼켜버리는 '정치적 블랙홀'이 될 수 있습니다.[38] 이처럼 비합리적이며 퇴행적인 정치 문화가 30여 년 전에 임시방편으로 타협해놓은 '87년 체제의 개혁'을 방해하는 중요한 요인으로 작용하고 있으며 성숙한 민주 사회로의 발전을 저해하고 있는 것이 오늘날 우리 정치의 현실입니다.

우리 정치가 이런 구도를 수십 년 동안 유지해왔고, 이를 개혁하려는 시도도 정치권의 방해로 번번이 좌절되다 보니까 이제는 정치권 전체에 대한 국민들의 불신이 심각한 수위에 이르고 있습니다. (중략) 지금 당장의 기득권을 포기하기 싫어서 지역 구도를 부채질한다면 머지않아 정치권 전체, 정당 정치의 전체는 공멸의 길을 걷게 될 것입니다.[39]

매번 정권 교체 때마다 모든 새 정부들이 헌법 개정의 필요성을 인지하고 개헌을 선거 공약으로 내놓지만 선거 승리에서 지역대결주의가 필요한 정치권이 이를 계속 정치적 수단으로 이용하고 있기 때문에 현실적으로 정치 발전을 시도할 수가 없었습니다. 6선 국회의원으로 국회의장을 지낸 문희상 의원은 국민 통합을 저해하는 지역대결주의를 다음과 같이 통렬하게 비난하고 있습니다.

우리는 역대 정부에서부터 지금까지 여와 야로 나뉘어 서로 적대시하는 분열적 정치 행태들을 너무도 많이 봐왔습니다. 가장 큰 원인이 지역주의 정치 구도 아닐까 생각합니다.[40]

지역대결주의로 무장한 양측은 이제 적대적 진영 대결 논리로 자신들의 정치적 기반을 공고하게 해놓고 상대의 실수를 유도하며 중요한 정치 사건 때마다 극단적 대립과 반대를 불사합니다. 똑같은 정치 의제를 놓고도 서로가 어떤 입장이 되느냐에 따라 180도로 정책을 바꿉니다. 여기에는 국익도 없고 합리적 판단도 없습니다. 각자 나름대로의 이유를 대면서 항변하지만, 우리는 한미 FTA 체결 문제를 놓고 한쪽이 여당이 되면 찬성하고 야당이 되면 반대하는 사례를 본 바 있습니다. 더구나 진보 세력 쪽에서는 대통령이 자살하는 사건이 있었고, 보수 진영에서는 대통령이 탄핵당하는 사건이 있었습니다. 지역대결주의에 갇힌 양측은 이제 더욱 적개심에 불타 정권 투쟁의 승자는 오만과 독선으로 상대를 핍박하고, 패자는 좌절감과 분노로 상대의 처절한 실패를 염원하는 극단적 보복 정치의 악순환에 빠져 있습니다.

　이처럼 극심한 대립과 갈등 구도에서는 새 대통령이 양측의 이해관계를 중재할 수 있는 유연하고 합리적인 판단을 내리거나 객관적, 중립적 입장을 취하기 어렵습니다. 자칫 대통령이 이런 균형적 스탠스를 시도하다 실수하게 되면, 자신을 대통령으로 만들어준 지지 세력을 실망하게 만들어 여권에서 퇴출당하기 십상입니다. 2007년 여당의 출당 요구에 탈당을 감행해야 했던 노무현 대통령은 당시를 다음과 같이 기억합니다.

> 내가 당에서 사실상 쫓겨났잖아요. (중략) 어느 나라든 당내 권력 투쟁은 있어도 당을 깨버리거나 당의 한 정치 지도자를 사실상 출당시켜 버린 경우는 없습니다. (중략) 내가 당에서 나올 이유가 어디에 있어요? 사실상 쫓겨났지요.[41]

　적군과 아군, 선과 악의 단순한 이분법적 구도에서는 상대에 대해 배려나 옹호를 하는 포용의 정치가 받아들여지지 않습니다. 다른 여권 세력의 눈에는 지나치게 순진함, 또는 적을 이롭게 하는 이적 행위에 지나지 않습니다. 이처럼 과거 '3김 시대'에 이미 망국병이라고 한

탄하던 지역대결주의는 아직도 우리 기득권 세력의 '정치적 생명줄'로 살아남아 획일적인 정치 문화로 고착화되고 말았습니다.

> 우리나라에 대화와 타협이 되지 않는 획일주의 정치 문화가 나타난 것은 지난날 독재와 반독재와 같이 상대를 용납하지 않는 대결주의, 그리고 지역 간 대립주의 같은 요인이 있었기 때문입니다. (중략) 이런 문제들이 한국 사회에서 활발하게 논의되어야 합니다.[42]

지역주의 정서가 '3김 시대'의 종식과 함께 사라져야 함에도 불구하고 여전히 우리 선거의 상수로 작용하고 있습니다. 3김의 퇴조 이후에도 왜 여전히 지역분열주의가 살아 있고, 왜 33년이 넘어가는 오랜 '87년 체제'가 개혁되지 못하고 있을까요? 그 이유는 여전히 우리 사회가 구시대의 정치의식과 정치 문화를 혁신하지 못한 채 지역대결주의를 정치적 셈법에 따라 이용하고 있기 때문이며, 우리 모두 이런 퇴행적 정치 문화를 이미 내면화하고 있기 때문은 아닐까요? 지역주의 문제의 심각성을 인지하고 있으면서도 권력 쟁취에 더 열을 올리는 권력 엘리트들, 국익보다 당장의 정치적 이익 때문에 정치 개혁을 저버리는 의회와 정당, 국가 차원의 문제보다 차기 대선과 총선 승리에만 전념하는 정치인들, 정치권 줄 대기에 여념이 없는 기업인들, 국익보다 자신의 신분 보장과 승진이 중요한 행정 관료들, 잘못인 줄 알면서도 내 고향, 내 가족이 더 중요한 우리 모두의 모습이 바로 우리의 불행한 대통령들의 모습 뒤에 있는 것입니다. 이것이 우리의 씁쓸한 자화상이며, 우리 사회에 팽배해 있는 저급한 정치 문화의 현실입니다. 우리 현대사에서 많은 대통령들을 불행하게 만든 원인은 우리가 뽑은 대통령들의 자질 문제도 있겠지만, 우리 한국 사회의 잘못된 정치 제도와, 그런 정치 제도를 배태시킨 정치 문화의 산물이며, 그러한 정치 문화를 형성하는 우리 정치의식의 산물인 셈입니다.

> 파란 녹이 낀 구리 거울 속에
>
> 내 얼굴이 남아 있는 것은
>
> 어느 왕조의 유물이기에
>
> 이다지도 욕될까.
>
> (중략)
>
> 밤이면 밤마다 나의 거울을
>
> 손바닥으로 발바닥으로 닦아 보자.
>
>
> 그러면 어느 운석 밑으로 홀로 걸어가는
>
> 슬픈 사람의 뒷모양이
>
> 거울 속에 나타나온다.

윤동주의 시 「참회록」의 한 구절입니다. 우리의 역대 대통령들이 겪은 불행, 그리고 앞으로도 계속 되풀이될 이 비극적 문제의 원인은 무능한 대통령 개인의 탓이라기보다 우리의 잘못된 정치적 구조에 기인하고 있습니다. 나아가 그러한 구조와 정치 문화를 그대로 방치한 채 살아가기에만 급급한 우리 모두의 탓일 수 있습니다. 우리나라의 비민주적 제도와 퇴행적 정치 문화는 민주주의 발전에 있어 가장 중요한 핵심 요소인 관용성을 질식시켜왔습니다. 그동안 제도권 정치가 제대로 기능하지 못하는 상황에서 정치적 구조의 문제를 인지했다 하더라도 그것을 과감히 혁신할 수 없게 한 주요 요인으로 작용했습니다. 임기 내내 한국 사회의 정치 개혁에 몰두하다가 특히 민주주의 발전에서 한계를 느낀 노무현 대통령은 당시 자신의 개혁 노력과 관련하여 다음과 같이 소회를 밝힌 바 있습니다.

아시아 여러 국가들 가운데 한국이 공정한 법치주의, 사회적 투명성, 원칙적인 일처리라는 측면에서 볼 때 상당히 앞서 있는 쪽입니다. 그러나 이것만으로 성숙한 민주주의가 이루어지지는 않습니다. (중략) 상대를 인정하고 존중하고 그러면서 대화하고 타협과 협상을 통해서 결론을 하나로 모아나가는 통합의 과정이 부드럽게 이루어질 때야 비로소 민주주의의 통합적 기능이 제대로 발휘되는 것입니다. 저는 이것을 어느 강연에서 제3단계 민주주의라고 표현했는데 이 부분에 관한 한 한국은 매우 초보적 수준도 아니고 부재

한국의 불행한 대통령들

수준입니다.[43]

　최장집 교수가 지적하듯 한국의 민주주의는 이행 단계를 완료하고 공고화 단계로 진입했지만 실질적인 수준에서는 여전히 과거의 구시대적 사고를 탈피하지 못했으며, 규범적인(합의형 정치의식) 수준의 민주화까지 도달하지 못했습니다.[44] 한국 사회는 1988년 헌법 개정 이후 약 33년간 경직된 정치 제도와 비민주적인 정치 문화가 고착화되어 더 이상 정치 개혁을 추진하지 못하고 있는 형편입니다. 경제 발전과 함께 정치 발전도 이루었다는 자만이 실질적 민주주의 정착에 필요한 정치 문화의 발전을 경시하게 했고, 대통령들의 비극과 불행을 초래하는 정치 구조를 그대로 방치하게 만든 것입니다.

대통령의 불행을 막기 위한 방안과 과제

지금까지 우리나라 역대 대통령들의 불행을 초래하는 구조적 측면을 살펴보았습니다. 그렇다면 과연 우리 대통령들의 불행을 막기 위한 방법은 없을까요? 앞서 소개한 함성득 교수는 '성공하는 대통령을 위한 다섯 가지 조건'으로 '실패하지 않는 대통령 패러다임, 박정희 대통령 그늘 벗어나기, 정치적 차별화하지 않기, 인사가 만사, 강한 입법 리더십'을 제안했습니다. 그중에서도 "인사(人事)가 만사(萬事)이니 만큼, 국정 운영과 관련하여 비선 실세 방지, 전문성과 충성심의 조화, 국정 운영팀의 중요성"을 강조합니다.[45] 특히 제왕적 대통령제의 폐해 중 하나인 주변 측근들에 의한 '권력의 사유화' 문제 예방을 위해 대통령 후보가 집권 후 추진할 정책 과제에 대한 자문단을 구성할 것을 주문합니다. 대통령 당선인은 자신의 선거 운동에 기여하고 충성을 바친 측근 보좌진들의 역량과 실제 국정 운영 능력이 가능한 전문 인력의 역량은 별개의 역량이라는 사실을 인식하여 내각을 조직하고 국정을 운영해야 합니다.[46] 대통령 경선 과정에서는 순발력 있는 실시간 대응 능력과 홍보 능력이 중요하지만, 선거 후의 대통령은 최고 정책 결정자로서 직관적 경험과 통찰력을 필요로 하며, 이를 가까이에서 도울 수 있는 전문성과 경륜을 갖춘 자문단이 필요합니다.

또한 미국처럼 대통령 선거 경선과 동시에 대통령 후보가 '그림자 내각(shadow cabinet)'을 조직하여 국정 경험을 쌓는 것도 시도해볼 만한 방안입니다. 집권 준비를 위해 전문가 집단을 섭외하여 지속적인 자문과 함께 일종의 가상 내각을 미리 운영해보는 것입니다. 대통령 후보들이 모두 선거 공약 준비에만 집중하다 보니, 선거가 끝나면 화려한 장밋빛 공약과 실제 현실과의 괴리에 당황할 수밖에 없습니다. 그뿐만 아니라 선거 공약과 전혀 다른 크기와 속도로 닥쳐오는 국정 현안에 대한 대처 능력이 아직 절대적으로 부족하다는 사실을 깨닫게 됩니다. 대통령의 국정 철학과 비전을 공유한 전문가들의 사심 없는 자문과 제안이 중요한 시점에서, 그림자 내각의 운영 경험은 정권 초기 갑자기 권력 주변에 몰려드는 권력 지향적 전문가들의 역량 검증과 판단에도 도움이 될 것이며, 패거리 정치에서 탈피한 초당적 내각 구성과 운영에 큰 도움이 될 것입니다.[47]

또한 '제왕적 대통령제'의 폐해로 나타나는 대통령의 전횡과 독선을 막기 위해 가장 중요한 것은, 대통령제를 3권 분립의 원칙에 근거하여 서로 견제하고 감시할 수 있도록 헌법을 개정하는 것입니다. 즉 대통령의 권력을 의회와 사법부가 적절하게 견제하고 감시할 수 있도록 헌법이 개정되어야 하며, 특히 검찰, 국가정보원, 국세청, 경찰과 같은 중요한 권력 기관의 수장을 임명할 때는 국회의 인준이 필요하도록 개정할 필요가 있습니다. 또한 행정 명령의 위헌 해석처럼 사법부가 행정부에 대한 독자적 견제를 가능케 하여 사법부의 위상을 강화해야 합니다. 미국 연방대법원의 경우, 대법원 판사를 종신직으로 하여 상대적으로 위축될 수 있는 대법관의 신분과 위상을 강화해놓았습니다.[48]

우리는 지금까지 정책의 일관성과 연속성을 해치며 책임 정치의 실현을 어렵게 하는 '5년 단임제'의 문제와 극단적 대립을 구조화하는 '승자 독식 제도'의 부작용을 살펴보았습니다. 1987년 당시 대통령의 장기 집권을 막기 위한 취지에서 5년 단임제가 채택되었지만, 이 제도가 국정 운영의 불안정성과 비효율성을 초래할 수도 있다는 것까지는 미처 고려하지 못한 부분이 있었습니다. 5년 단임제는 새 정부의 출범과 함께 정책의 연속성을 보장할 수 없는 구조적인 제약을 가집니다. 게다가 5년 단임제와 승자 독식 제도는 정치적으로 여야의 갈등을 극단적으로 치닫게 하는 구조적인 정치 환경을 야기합니다. 임기가 3년만 넘어가면 대통령의 레임덕 현상은 가속화되며, 임기 말이 되면 야당은 새로운 대통령 후보를 중심으로 현직 대통령과 정부에 대한 날

선 공격과 비난을 퍼붓습니다. 그렇게 현직 대통령을 야권에서 궁지에 몰아넣기 시작하면 여권은 인기가 떨어진 힘없는 대통령을 짐짝처럼 배척하거나 아예 당에서 퇴출을 요구하게 됩니다. 임기 중 탄핵을 당한 박근혜 대통령을 제외하고 노태우, 김영삼, 김대중, 노무현, 이명박 대통령 모두 임기 말에 탈당하거나 당적을 버려야 했습니다. 이런 문제를 개선하기 위해 대통령은 먼저 균형적인 인사 정책을 통해 '통합적 리더십'을 발휘해야 합니다. 정치인으로서 이 문제를 누구보다 중요하게 인지하고 있었던 문희상 국회의장은 다음과 같이 제언합니다.

특히 민주 국가라면 대통령은 국민 통합 능력을 최고로 발휘해서 민주성을 확인하고 국가 경영 능력에 전력투구함으로써 효율성을 극대화시켜 선진 일류 국가로 도약할 수 있어야 되는 것입니다.[49]

물론 우리나라처럼 적대적인 정치 환경과 치열한 권력 경쟁 구도에서 탕평 인사, 균형적인 인사 정책을 한다는 것은 쉬운 일이 아닙니다. 그러나 쉽지 않지만 협치를 통해 통합적 리더십을 발휘하는 데 가장 중요하고 기본적인 조치라 하겠습니다. 특히 이런 파격적인 시도나 실험이 대통령 측근들이 고안한 전시적 행정의 일환이거나 정치적 곤경을 타개하기 위한 일시적 수단이 아니라, 대통령 스스로 미래의 불행을 막을 수 있는 슬기로운 방안으로 판단하고 실행해야 합니다. 대통령은 국가를 대표하고 국가를 운영하는 자리이지 자신의 소속 정당이나 측근들의 이익을 대변하는 자리가 아닙니다. 그런 측면에서 우리나라 대통령은 심각하게 분열되어 있는 정치 문화를 종식시키려는 노력을 끊임없이 해야 하며 자신의 당선에 기여한 지역을 넘어서서 국민적 대통합의 정치를 실현해야 합니다.

또 하나, 극단적 대립과 갈등을 초래하는 지역대결주의를 개선하기 위해서 대통령은 시민 사회 및 야당과의 소통 강화를 위해 노력을 기울여야 합니다. 대통령은 국민의 대표 기관인 의회와의 관계에서 우월한 입장이 아니라, 같은 눈높이로 서로를 바라보는 대등한 관계로 활발히 소통할 방안을 고심해볼 필요가 있습니다. 제왕적 대통령 제도와 승자 독식의 정치 제도 자체가 대통령을 입법부보다 우월한 자리에 앉게끔 하지만, 먼저 권력을 내려놓고 의회와 야당 지도자, 그리고 시민 사회와 협력하는 정치 문화, 소통하는 정치 문화를 만들어나가야 합니다. 자신의 대통령 선거 실패 원인을 정치적 소통의 문제에서 찾은 이회창 총재는 회고록에서 다음과 같이 이야기합니다.

지금까지 대통령은 여당이라는 직할 부대를 거느리고 이를 통해 야당을 대하고 국회를 상대해왔다. 대통령은 국가와 국민을 대표하는 국가원수라고 말하지만 현실 정치에서는 여권이라는 한쪽 세력의 수장처럼 인식되고 야당으로부터는 제3자가 아니라 경쟁 상대 내지 투쟁 상대로 인식되면서 국가원

한국의 불행한 대통령들

수의 존경과 대접을 받지 못했다. 이것은 그동안 대통령들이 스스로 대통령의 자리를 한 정파 세력의 수장으로 인식하고 상대방인 야당을 압박하고 약화시키는 일에 앞장서면서 자초한 일이었다.[50]

물론 대통령 후보일 때와 대통령으로 국정 운영을 수행할 때는 상황이 전혀 다를 것입니다. 매일 만나야 할 수많은 사람과 주재해야 할 빠빠한 회의 일정, 보고받아야 할 현안이 산더미와도 같은 대통령의 업무에서 야당과 소통의 시간을 가지라는 것은 어쩌면 한가한 소리로 들릴 것입니다. 각종 외교 일정과 정상회담, 각종 급박한 위기 상황을 해결해야 하는 대통령에게 시민 사회와의 소통 같은 이야기는 쉴 틈 없는 대통령의 일정은 물론, 국정 운영에 무지한 소치로 여겨질지 모릅니다. 하지만 모든 정치 의제를 정권 쟁탈에 몰입시켜 치열한 권력 경쟁과 선거 전쟁에 전념케 하는 현재의 극단적 대립 상황에서, 여야 갈등을 지양하고 협상과 타협을 통해 제도권 정치를 부활시키는 것은 대통령 스스로 미래의 불행을 막을 수 있는 '슬기로운 대통령 생활'이며, 한국의 정치 지형에 변화를 일으킬 수 있는 최고 지도자의 진정한 덕목이라고 할 수 있습니다.

지금까지 우리 대통령의 불행을 막기 위한 여러 가지 처방과 제안을 살펴보았지만, 사실 이런 것들은 기술적인 방안일 뿐, 근본적이며 실질적인 방안은 되지 못합니다. 정치적 구조 문제를 조금씩 개선해

나가는 방법은 대통령 스스로 정책 실패와 불행의 나락으로 떨어지는 것을 어느 정도 막아보려는 작은 노력은 될 수 있으나 근본적인 해결은 될 수 없습니다. 우리나라의 대통령들이 임기 말이나 퇴임 후에 불행을 겪지 않는 것이 정치 구조적 측면으로 볼 때 이미 무척 어려운 일이 되고 말았습니다. 더욱 심각한 것은 우리 모두가 이 문제를 알고 있으면서도 그다지 해결할 의지나 노력이 없다는 것입니다. 정치인들뿐만 아니라 국민들도 민주주의 발전을 저해하고 정치 발전의 발목을 잡는 잘못된 제도와 정치 문화를 모두 함께 방치해왔습니다. 어쩌면 경제 발전과 함께 정치 발전도 이루었다는 우리의 자만과방심이 이 문제를 좀 더 치열하게 성찰하지 못하게 만들었는지도 모릅니다.

우리 사회는 여전히 정치 제도의 문제를 간과하고 있으며, 지역대결주의를 선거 때마다 이용하는 것에 별 거부감이 없습니다. 우리 국민들의 정치의식 속에 이 퇴행적인 정치 문화가 이미 깊숙이 내면화되었는지도 모릅니다. 한때 정치에 희망을 걸고 입문했다가 실망한한 진보 성향의 청년 정치인은 "진보도 싫고 보수도 싫다!"며 정치에 대한 좌절감을 토로합니다.

그때 촛불을 들고 탄핵을 외치며 정치적 효능감을 느꼈던 친구들은 이제 대부분 정치를 혐오한다. 상대편의 실수에는 크게 분노하면서도 자기편의 잘못에는 눈감는 정치, 조금만 달라도 악으로 낙인찍는 정치, 국민의 이익보다

내 편의 이익이 더 중요한 정치, 이런 정치에 실망한 것이다.[51]

무엇이 젊은 세대들에게 이토록 정치 혐오감을 갖게 하고 '헬조선!' 을 외치게 하는 것입니까? 사실 청년 정치인이 느낀 이런 감정은 우리 국민 대다수가 최근 우리 정치 행태에 대해 느끼고 있는 불편한 심정일지도 모릅니다.

중요한 것은 우리 현대사에서 많은 대통령의 불행이 결국 그들만의 불행으로 그치지 않는다는 점입니다. 이것은 곧 우리의 정치적 위기이며, 우리 민주주의의 위기입니다. 이런 점에서 대통령들의 불행을 지켜봐왔던 국민들은 늦기 전에 좀 더 거시적이며 근본적인 정치 개혁을 고민해야 합니다. 대통령의 불행을 초래하는 정치적 외연을 개혁해야 합니다. 뉴질랜드 역시 우리처럼 치열한 승자 독식의 정치 제도로 인해 극심한 정치적 대립과 갈등을 경험한 적이 있습니다. 1980년대 불어 닥친 신자유주의 정책을 고수하는 양대 정당 사이에서 자신들의 정치적 이익이 대변되지 못한 시민들의 불만과 저항이 누적되다가, '결국 정치판 자체를 갈아야 한다'는 의사가 모인 결과가 '선거 제도의 개혁'이었던 것입니다.[52] 실제로 선거 제도 개혁 이후 뉴질랜드는 연립 정부가 정상인 다당제 국가로 변모했으며, 사회 경제 정책의 기조 또한 신자유주의 일변도에서 조금씩 벗어나기 시작했다고 합니다.[53]

우리가 민주주의의 롤 모델로 생각하는 미국 역시 우리와 유사한 정치적 갈등과 대결의 역정을 거쳤지만, 그런 정치적 위기를 슬기롭게 극복하여 오늘날의 강대국을 건설했습니다. 미국도 1930년대까지 두 거대 정당 간에 끊임없는 배척과 대결로 국론이 분열되고 통합이 어려워 국가적 위기에 봉착한 적이 있습니다. 그러나 그런 첨예한 국가적 위기 상황에서 정치권이 극적으로 정치적 대타협을 이루어 국가 위기를 극복했습니다. 1930년대 세계적 대공황이 닥친 상황에서, 루즈벨트 대통령의 뉴딜 정책과 함께 민주당과 공화당이 초당적으로 협력하여 국가적 위기를 성공적으로 극복한 것입니다. 이제 우리 정치 지도자들은 물론, 국민들 모두 불행한 대통령에 대한 성찰을 토대로 여야의 정치적 대타협을 촉구하고 지역대결주의 문화를 종식시킴으로써 '87년 체제'를 개혁해야 합니다. 우리 대통령들의 불행이 결국은 우리의 정치의식과 정치 문화로 빚어낸 정치적 구조에 기인하듯, 잘못된 제도와 시대에 맞지 않는 정치 구조를 개혁하는 것은 우리 모두의 몫입니다. 선조들이 이루어놓은 우리의 자랑스러운 역사를 후세에게 넘겨주기 위해 정치 구조 개혁은 경제 발전 이상으로 중요한 우리 세대의 시대적 사명이며 당면 과제인 것입니다. 바로 지금이 개혁으로 불행을 멈춰 세울 때입니다.

한국의 불행한 대통령들

4장
대통령의 불행과 리더십 문제

황인수, 정태용

당 태종이 명군(明君)과 암군(暗君)의 차이를 물었다. 이에 위징이 답하기를, "명군은 여러 의견을 듣고, 암군은 한쪽 말만 듣습니다."[1]

청와대에는 그 주인이 권력에 심취하게 만드는 마력이라도 있는 걸까요. 권력은 국민들로부터 위임받은 것임을 망각으로 빠뜨리는 샘이라도 있는 걸까요. 반대 당파의 비판은 물론 국민들의 소리까지 멀리하게 만드는, 마법에 걸린 장소가 바로 그곳인 걸까요. 어쩌면 그곳에는 과거 제왕이나 다름없는 권력을 누렸던 대통령들의, 어쩌면 경호대장의 망령이라도 남아 있어, 민주주의의 꿈을 품고 찾아온 신임 대통령에게 몰래 독선과 불통을 속삭이고 있는지도 모릅니다. 그렇게 민주화 이후의 대통령들 역시 정도의 차이는 있겠지만, 예외 없이 불행해지고 마는 것입니다.

대한민국 대통령들은 불행했습니다. 한국인들은 짧은 순간에 산업화와 민주화를 이루어내어 세계의 경탄을 얻어냈지만, 그 정치적 리더로서 활동한 이들의 개인사는 오히려 비극에 가까웠습니다. 그 원인을 놓고 여러 현명한 사람들이 다양한 추론을 내놓았습니다. 제도가 문제다, 주변이 문제다, 대통령 본인의 자질이 문제다 등등. 물론 그런 문제들도 중요합니다. 하지만 저희가 여기서 눈여겨보고자 하는 점은 리더십입니다. 사회는 점점 민주화되는 반면, 대통령은 으레 사람들 위에 군림하려고 했습니다. 청와대의 망령 탓이건 어쨌건, 역대 대통령들에게는 민주적인 리더십이 부족했다고 볼 수 있습니다.

하기야 민주화 이후의 한국 지도자들 역시 권위주의 사회에서 성장했기에, 민주 사회가 요구하는 민주적 리더십을 내면에 새기기는 쉽지 않았을 것입니다. 이 글은 대통령들이 끝내 '전임 대통령의 불행'을 따라간 이유를 '리더십'에서 찾아보고, 현대 민주 사회의 민주적 리더들이 불행의 고리를 끊는 데 필요한 표상과 덕목이 무엇인지 살펴보려고 합니다. 구체적으로는 세 가지 능력입니다. 확장된 상황 인식, 주변과의 소통 능력, 그리고 문제 해결을 위한 통합 및 포용 능력입니다.

세 가지 민주적 리더십

확장된 상황 인식

민주 사회의 리더는 올바른 상황 인식을 토대로 국민과 공동체의 목표를 놓고 교감해야 합니다. 그것은 단지 사태에 대한 인식이 아닌 '시대정신'을 읽는 능력이고, 국민과 단순히 공감하는 것을 넘어, 국민과의 상호 작용을 이끌어내는 능력입니다. 아마 역대 대통령들은 다른 후보들보다 시대정신, 당대의 국민들이 지도자에게 요청하는 소명을 간파하는 데 뛰어났기에 당선될 수 있었을 것입니다. 그러나 대통령이 된 후에는 시대의 요청도 국민의 소망도 저버리면서 스스로의 불행을 초래하곤 했습니다.

'서브프라임 모기지 사태'로 인한 세계적 경제 위기 속에서 이명박 대통령이 당선된 가장 큰 이유는 '이명박이 그래도 경제를 살릴 것이다'라는 국민적 기대감이었습니다. 그러나 대통령으로서의 그는 위기 해결을 위해 국민들의 공감과 지지를 이끌어내는 데 성공하지 못했습니다. 게다가 앞선 진보 정권이 닦아놓은 한반도 긴장 완화와 남북 관계 개선이라는 곧은 길을 무난히 달리기만 했더라도 이명박 대통령은 그 성과를 누리는 동시에, 그것을 퇴임 후의 업적으로 인정받았을 가능성이 큽니다. 그럼에도 전임 정부의 실적 지우기에만 집중하면서, 남북 관계를 냉각시킨 동시에 국민들과의 공감대 형성에도 실패하고 말았습니다.

김대중 대통령은 이명박 대통령의 이러한 국정 운영에 대해 매우 걱정스러워했습니다. 이명박 대통령이 후보 시절 김대중을 찾아갔을 때에는 햇볕정책에 공감한다고 했으면서도, 당선된 후에는 '선 핵 폐기 후 협력'이라는 미국의 부시 대통령조차 포기한 대북 강경 정책을 지향했으니, 김대중으로서는 실망감이 크게 들 수밖에 없었을 것입니다.[2] 이명박 대통령은 현대건설이라는 굴지의 건설사를 이끌어나간 인물로서, 실물 경제에 대한 경험과 지식은 적지 않았으나, 북한 문제에 대해서는 그 앎이 일천한 수준이었습니다.[3] 그런데도 마치 시혜를 베푸는 듯한 태도로 북한이 핵을 포기하고 개혁 개방을 한다면 10년 안에 북한 주민 1인당 3,000달러 수준을 달성하게 해준다는 '비핵개방 3000'이란 제안을 내놓았으니, 그 끔찍한 '고난의 행군'까지도 견뎌낸 북한이 그것을 받아들일 리 만무했습니다.

아이러니하게도 북한에서 남한 정부에게 가장 자존심을 접고 적극적인 자세로 접근해온 때는 이명박 정부였습니다.[4] 게다가 이명박 정부는 후보자 시절부터 중도 실용 노선을 내세워서 운신의 폭이 넓은 편이기까지 했으니, 실로 이명박 정부는 북한과의 관계를 좀 더 정상적인 모습으로 발전시킬 기회를 스스로 저버린 것입니다. 박정희, 노태우 대통령의 보수 정권에서조차 군사적 대치 상황 속에서도 물밑 대화를 부단히 이어왔었던 점에 비춰볼 때, 이런 남북 관계 실패는 특히 아쉬운 점이라 하겠습니다.

박근혜 대통령의 공약, '경제 민주화'는 국민의 바람을 시의적절하게 담아낸 점에서 훌륭했습니다. 하지만 박근혜 대통령의 경제 정책은 취임 후 전혀 다른 방향으로 달려갔습니다. 박근혜 정부는 집중적인 규제 완화 노선을 택했는데, 이는 사회의 양극화 심화와 아울러 부채의 막대한 증가를 가져왔고, 재벌과 대기업의 사업 기회만 늘어났던 친재벌 정책이었던 것입니다.[5] 결국 이명박과 박근혜 대통령의 훌륭한 대선 공약들은 결과적으로 유권자들의 표심을 얻어내려는 정치적 '꼼수'로 전락했던 것입니다.[6] 국민 다수의 객관적인 목소리를 경청하고 또 발견하여 정책에 반영하는 것이 대통령의 공감 능력이라 하겠건만, 이러한 능력은 위의 두 분에게 절대적으로 부족했습니다.

반면 박정희 대통령은 1960년대의 절박한 시대정신이 가난을 해결하고 경제를 반석에 올리는 것임을 정확히 알고 있었습니다. 그것을 최우선 과제로 설정하고 뛰어난 인재를 등용하여 그들이 꼭 필요한 정책을 펼 수 있도록 강력히 지원함으로써 이룩한 것이 바로 '한강의 기적'입니다. 그러나 박정희의 리더십이 국민과의 민주적인 조응이 아닌, 병영 국가적인 명령과 통제로 이루어졌다는 점은 안타깝습니다. 시대가 변화하자 그 민주성의 결핍은 청와대와 국민의 단절을 초래했고, 가장 불행한 말로로 박정희를 인도했던 것입니다.

대통령은 지금 이 시대를 놓고 국민이 무엇을 원하는지를 읽어내는 동시에, 그 '시대정신'을 놓고 국민과 공감하는 것을 넘어, 국민과의 민주적 상호 작용을 이끌어낼 수 있는 능력을 필수적으로 갖추어야 합니다. 이것이 바로 확장된 상황 인식인 것입니다.

소통의 기술

미국에서 위대한 대통령을 선정하면 늘 첫손에 꼽히는 프랭클린 루즈벨트 대통령은 국민과 적극적으로 소통한, 그래서 성공적이었던 대통령으로 널리 기억되고 있습니다. 라디오 방송을 이용한 '노변 담화'로 국민들에게 희망과 자신감을 가져다준 것은 물론, 루즈벨트는 12년 집권 기간 동안 945회의 기자회견을 가졌으니, 이것은 주당 1회에 해당합니다.

보좌관들에 둘러싸인 대통령과 비판적인 기자들을 자주 만나는 대통령, 둘 중 어느 쪽이 국민의 뜻을 더 잘 파악하고 소통을 제대로 하는 것일까요?[7] 질문지가 미리 전달되고 질문자도 선정되어 대통령이 모범 답안을 낭독하는 우리의 기자회견을 보면, 먼저 한국의 대통령들에게 소통의 의지가 충분했는지부터 의문을 품게 됩니다.

민주적 소통 능력은 경중의 차이는 있을지언정 역대 한국 대통령들이 민주 사회의 리더로서 다소 부족했던 부분입니다. 민주화의 달성에 인생을 걸고 대통령이 되었던 분들 역시 국정 수행 과정에서는 민주적이지 못한 면이 많았습니다. 민주화 투쟁의 경력과 민주적 가치의 내면화가 반드시 일치하지는 못했던 것입니다. 또는 국가적, 정치적 차원의 민주화 달성과는 별개로, 개인 내부의 민주화는 성숙하지 못했다고도 할 수 있습니다.

대통령들은 국회에서의 의결 과정을 민주주의의 주요 과정으로 인정하기보다, 야당의 비효율적인 발목 잡기라고 여겨 성가시게만 생각한 경우가 많았습니다. 진중권의 이 말이 정확하다 볼 수 있습니다.

민주주의라는 게 피곤하고 골치 아픈 것이 맞다. 생각이 다른 사람끼리 합의점을 끌어낸다는 게 얼마나 어려운 일이겠는가. 하지만 그런 합의를 얻어내야 사회적 설득력을 갖는 것이다.[8]

게다가 유권자인 국민들은 평소에는 그다지 말이 없으며 선거를 통해서만 의사를 표시하곤 하니, 대통령이 국민들의 뜻을 잘 살펴 국정을 수행하는 것이 간단하지만은 않을 것입니다. 그러니 대통령들은 위험천만하게도 일부 극성 지지세력의 주장을 국민의 뜻으로 잘못 판단하기도 했고, 때로는 알면서도 그렇게 포장하기도 했습니다. 국민의 감정이 물에서 수증기로, 다시 물로, 그리고 얼음으로 변화한다는 점을 성실히 파악하고 정치를 해나가는 리더들의 존재란, 아직까지 우리에게 익숙하지 못한 셈입니다.

국민적 존경의 대상인 김대중 대통령조차 오랜 민주화 투쟁을 거치며 일부 몸에 밴 권위주의의 유산을 탈피하지 못한 모습을 보일 때가 있었습니다. 1992년 대선 당시 김대중의 비서실장이었던 조승형 전 헌법재판관은 김대중 정권에서 개각이 있을 때마다 비서실장, 국가정보원장, 감사원장 등에 하마평이 오르던 인물로, 대통령에게 직언을 서슴지 않는 올곧은 자세로 후배 정치인들에게 신망을 받던 인물이었습니다.

1993년 3월 민주당 전당 대회 당시 영국에 외유 중이었던 김대중은 최측근 권노갑을 통해 당시 이기택 전 공동 대표를 지원하도록 지시했으나, 조승형 재판관은 "DJ로부터 아무런 지시가 없었다"며 친분이 두터운 김상현 의원을 지지했고, 결과는 이기택이 승리했음에도 김대중은 이후 조승형을 멀리했습니다. 전해지는 말에 따르면, 김대중은 자신의 뜻을 거스른 적이 있는 사람은 끝까지 멀리하는 스타일이었다고 합니다. 정확한 사실 확인은 역시 어렵지만, 1996년 김대중의 장남 김홍일의 지역구 국회의원 출마를 놓고 "아버지가 대통령을 하려는 마당에 아들이 국회의원에 나서서는 안 된다"고 조승형이 적극 만류했던 사실 등으로 김대중의 심기가 더욱 불편했다[9]고도 합니다.

박근혜 대통령은 2016년 2월 개성 공단 폐쇄, 2016년 7월 사드 포대 한반도 배치 등, 남북 관계와 외교 안보에 결정적 영향을 끼치는 정책들을 심층적인 논의 과정 없이 대통령 독단으로 결정하고, 나중에 관련 책임 부처에서 그것을 정당화하는 절차를 밟게 하는 어처구니없는 행보를 보였습니다. 사드 배치에 따른 중국의 경제 보복에 우리의 많은 기업들이 막대한 손실을 감수해야 했습니다.[10] 특히 개성 공단은 우리가 갖고 있는 유리한 대북 레버리지였건만, 우리가 먼저 그것을 던져버림으로써 오히려 북한에게 남북 관계의 주도권을 넘겨주게 되었습니다.

문희상 국회의장은 "대통령이 소통하지 못하면 온 나라가 병들고, 대통령이 귀를 닫으면 민주주의도 함께 닫혀"[11]버린다고 단언합니다. 대통령이 집권 중에 잘 소통하지 못하면 퇴임 후 불행의 길로 들어서기 쉽다는 뜻이기도 합니다. 국가원수로서 또는 행정부의 최고 책임자로서 대통령이 국민과 소통하는 것은 기본적으로 정치적인 행위이지만, 지금까지 우리 대통령들이 자신들의 정치 철학과 이념을 실현하려는 과정에서 국민과 효과적으로 소통했다고는 보기 어렵습니다.

그간 청와대가 국민과 소통하는 방식은 지극히 일방적이고 단순했으며, 국민에게 그저 통고하는 행위를 국민과의 소통으로 착각하는 경향이 짙었습니다. 국민과 직접 대화하는 방식, 일명 '국민과의 대화'로 소통을 시도한 대통령도 있었습니다. 하지만 이 방식도 사전에 계획된 주제와 내용을 가지고 이루어졌고, 정해진 형식에 따라 대통령과 청와대의 의도를 전달하는 무대에 가까웠습니다.[12] 결국 이러한 시도들은 청와대에서 선전하거나 홍보하려는 내용만 전하는 것에 불과하여, 국민과 공감을 나누는 쌍방향 소통과는 거리가 멀었습니다.

또한 역대 대통령들은 정치적 위기 국면의 수습 차원에서 대국민 사과라는 형태의 소통 방식을 많이 활용해왔으나, 이러한 방식은 '대통령과 국민 사이의 대화'라는 측면에서 오히려 대통령에 대한 부정적 이미지만 키웠습니다. 대형 사고나 사회적 파장이 큰 사건이 발생하면, 국정 최고 책임자인 대통령이 직접 국민에게 사과하는 것이 당연한 일이 되었으니, 나쁜 선례를 축적시킨 셈입니다. 김영삼 대통령은 취임 4주년 담화를 '저의 부덕의 결과'라는 말로 시작해야 했습니다.

국민 여러분께 진심으로 죄송하다는 사죄의 말씀을 드립니다. (중략) 세상의 모든 아버지들과 마찬가지로 저도 아들의 허물은 아비의 허물입니다.[13]

김대중 대통령도 예외는 아니어서, 2002년 봄 사과 성명을 발표했습니다.

지난 몇 달 동안 저는 자식을 제대로 돌보지 못한 책임을 통절하게 느껴왔으며, 저를 성원해주신 국민 여러분께 마음의 상처를 드린 데 대해 부끄럽고도 죄송한 심정으로 살아왔습니다.[14]

이명박 대통령도 재임 기간 중 여러 번 대국민 사과를 발표했는데, 친인척 비리와 관련하여서 다음과 같이 사죄했습니다.

국민 여러분께 심려를 끼쳐드린 점 고개 숙여 사과를 드립니다. (중략) 생각할수록 억장이 무너져 내리고 차마 고개를 들 수가 없습니다."[15]

국민과 직접 소통하는 것은 대통령에게 중요한 정치적 행위로 인식하고, 그 과정과 방법을 두고 심사숙고하는 것이 옳습니다. 그러나 현실에서 대통령의 소통이란 지지 계층으로부터 기존의 지지를 확인하는 것, 심지어 그저 사과의 수단으로만 간편하게 이용되는 경우가 많았습니다. 따라서 야당이나 집권 세력에 반대하는 집단으로부터는 그 진의가 전달되기보다 늘 반감을 사는 행위로 전락했고, 그 결과 정치판에서는 소모적인 논쟁만 양산되었으며 사회적인 갈등은 오히려 심

한국의 불행한 대통령들

화되고 말았습니다.[16]

　이런 소통의 부재에는 한국 사회에 남아 있는 '제왕적 대통령'이라는 이미지와, 그에 얽힌 국민적 정서가 일정 부분 영향을 주었습니다. 즉 대통령에게는 동양에서 전통적으로 군림해온 왕 또는 황제의 이미지가 강하게 남아 있어서, 일반 국민들은 대통령과 직접 대화하는 것에 적잖은 어색함을 느낍니다. 또한 왕조 국가에서 지도자의 메시지는 미리 계획되는 것은 물론이고 국민을 압도하는 위엄이 있어야 했으니, 사전 계획 없이 대통령이 국민과 소통하는 것은 대통령의 권위에 금이 간다고 느끼게 됩니다. 왕조 국가의 의식이 낳은 잔재가 사람들의 잠재적 인식 속에 깊이 자리한 것입니다. 이런 사고의 고착이 결국 그동안 한국의 대통령이 국민과 소통하는 방법을 획일적으로 제한하고, 측근과 정치적 동지, 즉 개인의 사적 관계에 기반한 비공식적 채널들로 대통령의 창을 한정하는 전근대적인 모습을 보여준 이유 중 하나가 될 터입니다.

　박근혜 대통령은 대통령 본인의 소통에 대한 인식이 국민의 눈높이와 확연한 괴리가 있었습니다. 박근혜 대통령의 소통은 폐쇄적인 방식이었고, 그 절대적인 양조차 부족했습니다. 이런 대통령의 소통 능력 부재는 국정 수행 평가에 있어서도 늘 부정적으로 평가되곤 했습니다. '불통 논란'에 대한 신년 기자회견에서의 질의에, 국민의 목소리를 더 듣기 위해 노력하겠다고는 하면서도, "단순한 기계적 만남이라든지 또는 국민 이익에 반하는 주장이라도 적당히 수용하거나 타협하는 것이 소통이냐. 그건 소통이 아니라고 생각한다"[17]라고 박근혜 대통령이 직접 반박한 적도 있었습니다.

박근혜 대통령의 경우에는 청와대 내부 인사들, 그리고 내각과의 소통부터 논란이 되었습니다. 청와대 수석이나 장관들로부터 대면 보고를 받지 않았으며, 핫라인 통화 역시 제대로 이루어지지 않았습니다. 그럼에도 박근혜 대통령은 "대면 보고를 좀 더 늘려가는 방향으로 하겠습니다만 그게 필요하다고 생각하세요?"라고 오히려 되묻는 등, 그러한 방식을 그다지 문제로 인식하지 못하는 모습이었습니다.[18] 대통령이 자신의 정치적 활동을 보좌하는 집단과 행정부의 각 기능을 책임지는 장관들과도 직접 소통을 하지 않는 상황에서, 국민들의 생각과 의견을 국정에 반영하는 소통의 묘를 발휘하기란 무척이나 어려웠을 것입니다.

측근 세력에 의한 권력의 사유화 경향 역시 민주적인 소통의 부족함에서 일정 부분 원인을 찾을 수 있습니다. 즉 리더들이 국민의 공론과 유리되어 주관적인 판단과 평가 속에서만 살게 되면, 그 상상의 세계 속에서 측근 실세들의 사적인 이익들이 진실한 공익으로 둔갑하게 되는 것입니다. 소통의 부재가 만들어낸 그런 허상의 감옥은 대통령의 불행을 예정하게 만듭니다.

권력의 사유화는 불행한 리더가 만들어지는 가장 큰 원인 중 하나

한국의 불행한 대통령들

일 것입니다. 권력을 위임받은 사람들은 법에 따라 활동해야 한다는 사회적 믿음이 굳건해야 하며, 이에는 성역이 있을 수 없습니다. 한국의 대통령들은 대통령이 되기 전에는 권력의 사유화가 낳는 권력의 불행들을 목격해왔고, 예외 없이 그런 사유화를 그 자신이 직접 비판하기도 했습니다. 그러나 집권해서는 매우 유사한 행태를 반복해왔으니 그저 놀라울 따름입니다.

> 촛불 민심은 헌법을 고쳐라가 아니라 헌법을 왜 안 지키느냐가 주된 요청이었다. 박 전 대통령 파면 문제는 (박 전 대통령이) 헌법을 지키지 않아서 생긴 문제다. —노회찬[19]

박근혜 정부에서 우병우의 민정수석실은 국정 농단 방조, 블랙 리스트 작성 등에 관여했습니다. 공직기강비서실이 민정수석실을 자체 감찰해야 함에도, 내부 견제 기능이 전혀 작동되지 않았습니다. 문제의 원인은 당연히 대통령이 이의 필요성을 인정하고 용인했음에 있으리라 여겨집니다. 이명박 대통령은 기업가 출신이다 보니 권력의 공공성에 유난히 취약성을 드러냈고, 내부에서조차 "국정 운영을 패밀리 비즈니스처럼 한다"는 냉소가 터져 나왔다고 합니다.[20]

이명박 정부에 대한 윤여준의 조언은 앞서와 같은 점들에서 매우 현장감이 있습니다. 윤여준에 따르면 첫째, 국민은 삶의 질의 향상을 원하고 있고, 둘째, 정부가 하고자 하는 일이 민심과 다르면 밀어붙이지 말고 민심을 설득하고, 그러고도 설득되지 않으면 포기할 자세를 가져야 하며, 셋째, 공공성을 회복하라고 주장합니다. 특히 권력의 사유 의식에서 나타나는 개인적 연고에 따른 인사는 공공성 부족에서 나오는 것이기에, 윤여준은 이를 벗어나야 함을 강조합니다.[21] 공감할 수밖에 없는 통찰입니다.

통합과 포용의 자세

통합과 포용의 능력, 역대 대통령들의 리더십을 볼 때 마지막으로 아쉬운 점입니다. 자신은 항상 옳고 상대는 무조건 틀렸다며 배격하지 않고 대화와 절충, 존중과 배려로 민주 사회의 리더에 걸맞은 성숙한 모습을 보였다면 어땠을까요. 퇴임한 대통령들이 권력 투쟁이 낳은 적개심과 분노의 소용돌이 속에 휘말리는 일도 한층 적지 않았을까요.

여전히 지역 간, 여야 간, 노사 간, 최근에는 정규직과 비정규직 간의 대결 구도는 극한으로 치닫고 있습니다. 한국 사회는 그 대결 구도가 잘못되었음을 알면서도 대결의 문법에서 쉽게 벗어나지 못하는 것이 오늘날의 현실입니다. 그런 대립에 정치가 편승하거나 오히려 앞장서는 행태를 버리고, 정국을 선도하는 정치인들부터 먼저 '포용과 통합'

의 자세로 협상과 절충의 문화를 만들어가야 하지 않을까요.

이를 위해서는 대통령이 상대를 설득하고, 안 되면 자신이 설득당할 수 있는 기회를 자주 만들어야 합니다. 대통령이 조화의 정치를 펼쳐나갈 때, 정치계는 물론, 비로소 사회 전반에도 포용과 통합의 풍조가 퍼져나갈 수 있겠지요. 『어글리 아메리칸(Ugly American)』이라는 책에 따르면, 방법이 잘못되면 동기가 선하더라도 그 결과는 악행과 다름이 없다 했습니다. 이렇게 선의로 가득한 어리석음이 잘못으로 이어지는 것은 한국 정치에서도 빈번히 목격되는 현상입니다. 어느 정권이나 집권 세력도 목적이 바르다고 판단하면 수단과 방법에 대해서는 전혀 개의치 않아왔던 것이 사실이기 때문입니다.[22]

미국의 사례는 우리에게 좋은 참고가 됩니다. 미국 대통령들의 리더십을 평가할 때 변치 않고 언급되는 모습이 이런 포용과 관용의 자세입니다. 특히 포용의 정치로 유명한 인물은 소통의 모범으로 앞서 언급한 프랭클린 루즈벨트 대통령입니다. 1929년 10월의 일명 '검은 목요일', 뉴욕 증시의 대폭락을 시작으로 미국은 대공황에 직면했고, 그 여파는 유럽을 넘어 전 세계로 확산되었습니다. 전임 정부에서 일어난 대공황이라는 국가적 위기 상황에서 당선되었지만, 루즈벨트 대통령은 적을 만들기보다 포용과 통합의 정치를 실현한 민주적 리더십의 소유자였습니다.

당시 독일에서도 대공황이 낳은 극심한 경제난과 그에 따른 사회적 위기 속에서, 히틀러라는 대중적 리더가 홀연히 등장했습니다. 루즈벨트와 히틀러, 두 지도자는 최악의 상황에 처한 양국 국민들에게 위기를 극복할 수 있다는 희망과 확신을 주기 위해 노력했고, 실제로 자국민들에게 엄청난 영향을 끼쳤다는 점에서 공통점을 지닙니다. 두 지도자 모두 대규모 공공사업을 통해 산업을 부흥시켰고, 젊은이들에게 희망을 불러일으키기 위해 지식인들과 예술인들을 활용하여 국가의 자부심을 고취시키는 데에도 열정적이었습니다.

물론 두 사람은 이념부터가 근본적으로 달랐습니다. 하지만 두 사람의 차이는 단순한 파시즘과 민주주의의 차이 그 이상이었습니다. 이는 과거사를 대하는 자세에서 분명히 드러납니다. 무려 12년을 집권하면서 대공황을 초래했던 전임 공화당 정권의 실정을 비판할 수 있었음에도, 루즈벨트는 그렇게 하지 않았습니다. 보통 미국 대통령의 취임사는 '친애하는 국민 여러분'으로 시작하는 데 비해, 루즈벨트의 취임사 첫 대목은 '존경하는 후버 대통령'이었다고 합니다.[23] 전임자의 실정에 대한 비난은 루즈벨트의 연설에 없었습니다. 그 이유는 무엇이었을까요.

우리는 그것을 어렵지 않게 알 수 있습니다. 루즈벨트는 혼란과 위기의 시기에 다가오기 쉬운 사회의 분열을 경계했던 것입니다. 미국과 자본주의의 흥망이 달린 대공황이라는 국난 속에서, 루즈벨트는 파괴의 정치가 아닌 통합의 길을 열어가야 한다는 '시대적 소명의식

한국의 불행한 대통령들

과 위기 상황 인식'을 가졌습니다. 나아가 국가적 어려움을 총체적으로 극복하기 위해, 반대파에게까지 도움을 요청하는 포용적 리더십을 보였던 것입니다. 루즈벨트의 정치는 덧셈식이었습니다. 경제 질서의 근간이 뒤흔들리는 혼란 속에서, 흑인이나 기타 소수민족 문제는 정부나 국민들의 관심 밖 이슈였습니다. 그럼에도 루즈벨트는 소외된 아메리카 원주민들과 흑인들을 미국 사회 안으로 포용하려는 노력을 꾸준히 해나갔습니다.[24] 결국 그는 절체절명의 위기를 오히려 기회로 삼아, 미국 사회가 인종을 초월해 하나의 미국으로 통합하는 귀중한 계기를 조성한 것입니다. 루즈벨트가 보여준 포용의 리더십은 미국이 새로운 미국으로 재도약하는 발판이었던 셈입니다.

이에 반해 히틀러는 어떤 노선을 선택했을까요. 리더들이 쉽게 빠지는 악마적인 유혹, 즉 '분열과 대립'의 파괴적 리더십이었습니다. 히틀러는 전임 바이마르 정부를 격렬히 비난했으며, 과거의 아픔과 상처를 가진 대중들은 그에게 열광했습니다. 히틀러가 지핀 독일 민족의 자부심은 이내 인종주의의 횃불로 번져갔고, 독일인들은 히틀러의 광기에 호응하여 전쟁으로 나아갔습니다. 그 결과는 패전으로 인한 국가의 분단과 폐허가 된 국토였습니다. 과연 경제적 파탄과 고난 속에서 독일인들과 미국인들 사이에 어떤 인종적 차이가 존재했을까요? 단연코 차이가 없었을 것입니다. 만일 루즈벨트가 히틀러처럼 대공황의 책임을 전가하기 위해 공화당과 후버를 맹렬히 비난하며 심판하려고 했다면, 미국인들 역시 파괴적인 분노에 휘말렸을 것입니다. 루즈벨트의 리더십은 통합과 포용이라는 점에서 히틀러와 달랐고, 그것이 결국 두 나라의 차이를 이끌어낸 것입니다. 한 사람은 반대파를 숙청하고 유태인과 집시 등 소수인종을 제거하는 독일 순혈주의를 주창하다 결국 국가를 폐허와 분단으로 이끌었던 데 반해, 다른 한 사람은 인종과 정파를 초월한 국민 통합을 시도하는 동시에 주변국들과의 선린 외교를 펼쳐나갔습니다. 두 사례의 비교에서 보듯이, 정치 지도자의 자세의 차이는 이렇게 국민의 미래, 나아가 세계사에서 차지하는 국가의 명운을 바꿉니다.

관용을 추구하는 미국의 전통은 동족상잔의 남북전쟁을 겪고도 단한 사람도 전범으로 처형하지 않았다는 점에서도 드러납니다. 만일 링컨이 과거 청산을 시도했다면, 통합을 방해했던 남북 간 지역 문제가 단번에 해소되고, 해방된 흑인들을 향한 차별과 편견이 일거에 해결되었을까요? 그렇지는 않았을 것입니다. 복수 대신 관용을 베풀었던 링컨의 포용과 통합의 리더십은 미국의 성공 신화를 잉태한 배경입니다. 루즈벨트 역시 국정 수행의 현실적 어려움에 충분히 공감했던 리더이며, 아울러 겸허함을 갖춘 리더였습니다. 그는 과거의 오류를 현재 자신이 책임을 맡아 해결해야만 하는 '시대적 소명'으로 받아들였습니다. 그는 과거를 현재의 문제에 대한 책임 전가의 도구로 이용하지 않고, 자신의 정부에서 밝은 미래를 만드는 데 온 힘을 쏟는 긍정의 길을 선택했습니다. 미국이라는 체제 아래 탄생된 모든 정부는 정당이 서로 다르고 나름의 과오들이 있을지라도, 계승될 자격이 있는 정부라고 믿었던 것입니다. 이런 관용의 전통이야말로 현재 미국이 번영과 통합을 이룩하게 만든 가치 있는 유산입니다.[25]

오늘의 잣대로 과거의 행위를 보게 되면, 많은 정책적 과오가 눈에 띄기 마련이며 과거에 대한 부정적 시각을 가지기 쉬울 것입니다. 그럼에도 현직 지도자는 전임자들의 공과를 동전의 양면으로, 국정 수행의 과정에서 불가피하게 초래되는 것으로 인정하는 포용성이 필요합니다. 덩샤오핑이 마오쩌둥의 공이 과보다 높다고 인정한 의미를 우리 리더들이 잘 이해했으면 합니다. 덩샤오핑은 전체 중국인의 단합이라는 준엄한 책임감을 자각했기에, 자신이 마오쩌둥에 의해 겪었던 문화대혁명의 고초를 도도히 흐르는 장강에 던져버릴 수 있었습니다. 김대중도 신군부가 저지른 만행은 개인적으로 용서할 수 없었겠지만, 마찬가지로 관용의 결단을 내렸습니다. 그는 영국의 관용과 화해의 역사를 위대한 결정으로 평가하고, 본인도 똑같은 선택을 한 것입니다. 영국의 지도자들은 왕족을 처단한 프랑스나 러시아의 혁명 세력들과는 달리, 명예혁명 당시에 축출된 제임스 2세가 프랑스로 망명할 길을 열어주었습니다. 이후 망명 왕족들이 3대에 걸쳐 왕권 수복을 시도하면서, 영국 정부는 줄곧 어려운 상황에 처했습니다. 하지만 영국인들은 왕족들에게 정치 보복을 했더라면, 그로 인해 초래될 영국의 사회적 후유증이 더 컸으리라고 판단했습니다. 명예혁명 당시 지도자들의 슬기로운 결단으로, 영국이 향후 민주적이고 평화적으로 번영을 누리는 토대가 마련되었던 것입니다.[26]

한국의 역대 대통령들의 리더십, 특히 현대 민주주의 사회에서 필요로 하는 리더십의 문제를 살펴보았습니다. 한국 대통령들에겐 '상황 인식', '소통', '통합과 포용'의 리더십이 부족했습니다. 오늘날 대통령으로서 꼭 필요한 리더십은, 전체를 바라보는 통찰력을 기본으로 하고, 다양한 집단의 사고를 조화시키면서도 보편적 관점을 도출해내는 소통과 통합 능력이 근간이 될 것입니다. 복잡한 현대 사회에서는 과연 무엇이 최선의 해법인지를 쉽게 알 수 없기에, 리더에게는 균형적 시각이 더욱 필요합니다. 독단으로 빠지지 않는 적극적 포용의 정치는 차선을 추구하는 것으로 보일 수 있지만, 그렇기에 오히려 모든 국민들이 받아들일 수 있는 최선의 대안이 될 것입니다.

또한 민주주의 사회에서 갈등이 초래되는 현상을 당연하게 여기는 자세도 중요합니다. 한국 사회가 이미 다양성을 지향하고 있으니, 갈등 자체를 문제로 여기거나 비효율로 치부해서는 충돌이 불가피할 것입니다. 리더가 갈등 자체를 없애는 게 아니라 갈등을 해결하는 과정을 관리하며, 그것을 민주주의의 성숙 과정으로 인정해야 합니다. 그래야 국민들의 공감을 받을 수 있을 것입니다.

한국의 불행한 대통령들

위기 상황에서도 오히려 민주적으로

현대 사회에서 위기는 일상과도 같은 현실이 되었습니다. 지난 짧은 5년을 돌이켜보아도, 탄핵에 의한 대통령의 직무 정지, 북한 핵 위기, 코로나 19 사태, 그리고 급격한 기후 변화까지. 모두 해법을 손쉽게 찾기 어려운 과제들입니다. 이럴 때 국민들은 대통령에게 민주적 리더십 이상의 것을 기대하곤 합니다. 그리고 그런 비상시의 리더십과 민주적 리더십은 흔히 서로 모순되는 것처럼 여겨집니다.

　그러나 위기 상황의 리더십은 민주적 리더십과 모순되는 것이 아닙니다. 오히려 민주적 리더십의 기초 위에 다른 장점이 발휘되어야 공동체가 효과적으로 위기를 극복할 수 있습니다. 그 좋은 예로 탐험가 어니스트 섀클턴의 사례를 들어볼까 합니다. 비록 그가 정치인이 아니기에 비교 영역의 차이가 있습니다만, 섀클턴은 흔히 만날 수 있는 리더와는 거리가 멀었습니다.

1914년 1월 1일 섀클턴은 대원 27명과 남극 대륙 횡단을 시작했습니다. 그러나 탐험선이 유빙에 갇혀 침몰하는 극한 상황의 남극 빙벽에서 634일을 견뎌내고 760일 만에 1명의 희생자도 없이 영국으로 무사히 귀환하여 세상을 놀라게 했습니다.[27] 섀클턴이 발휘한 리더십은 위기 상황에서 가장 먼저 취한 대처부터 빛났습니다. 탐험선의 침몰로 대륙 횡단의 꿈이 수포로 돌아가는 순간, 무리한 도전을 감행해 대원들의 생명을 잃게 하느니 차라리 목표를 과감히 수정해 대원들 전원을 무사히 귀국시키겠다는 결단을 내렸습니다.[28] 그는 자신이 실수를 저질렀을 때 그것을 인정하고 사과함으로써, 오히려 리더로서의 권위를 지켜낼 수 있었습니다.[29] 섀클턴은 커다란 불행 속에서도 낙천성을 유지하면서, '상황 인식과 당면 과제의 해결'에 대한 유연성을 발휘했습니다.

섀클턴은 탐험대원을 뽑을 때, 다양한 사람들과 같이 일할 수 있는 능력을 갖춘 이들을 선정했습니다.[30] 그리고 팀워크를 중시했기에, 대원들 간의 자발적 토론을 유도하며 단결심을 강화시키는 데 초점을 두었습니다.[31] 또한 섀클턴은 대원들 각자가 리더십을 갖도록 동기를 유발하는 데 탁월했는데, 그는 '우리는 하나다'라는 팀워크를 앞장서서 만들어가며, 대원들과의 공감과 소통을 통해 인적 연대를 구축해 나갔습니다. 마치 훌륭한 지휘자가 개성이 뚜렷한 연주자들의 독자성을 살리면서 전체의 조화와 화음을 창조해나가는 모습과 같았습니다.

섀클턴 스스로 생필품을 제비뽑기로 대원들과 분배하는 등 공정한 모범을 솔선해서 보였기에, 극한의 위기 상황에서도 대원들의 불만을 최소화할 수 있었습니다. 한국인들에게서 흔히 관찰되는 전권을 행사하는 자의 '내로남불' 문제는 존재하지 않았습니다. 게다가 제비뽑기는 일반 대원보다 불편한 거주 공간이 섀클턴과 간부들에게 돌아가도록 설계되어 있었으며, 물품 역시 일반 대원에게 먼저 분배되었습니다. 실상은 불공정한 분배였던 셈이지요. 섀클턴 본인은 그렇다 치더라도, 간부 대원들은 어떻게 그럴 수 있었을까요? 섀클턴에 대한 절대적인 믿음과 충성이 있었기 때문입니다. 대원들은 죽음이란 비극적 결말을 맞이할 수 있는 상황에서도 희망의 끈을 놓지 않았으며, 오히려 섀클턴의 부하였던 것을 일생의 축복이라 여겼던 분위기가 탐험대 내에서 만들어졌습니다. 이런 분위기가 만들어진 이유는 무엇일까요? 그것은 섀클턴이 대원들의 안녕을 먼저 생각하면서, 자기희생을 당연시했기 때문입니다. 부대장 프랭크 와일드는 고립무원의 위기에서 자신의 생각을 영원히 바꾸어놓은 한 사건을 기록에 남깁니다.[32]

섀클턴은 공평히 나눴던 섀클턴 몫 비스킷 4개 가운데 1개를 내게 강제로 먹였다. 이런 행동이 얼마나 자상하고 호의적인 것인지 이해할 수 있는 사람은 세상에 아무도 없을 것이다. 나는 죽어도 섀클턴의 그러한 마음을 잊지 못할 것이다.

특히 솔선수범과 자기희생이라는 덕목에서, 섀클턴의 리더십은 리더의 직책을 맡은 이들이 자신을 자연스럽게 돌아보게 만듭니다. 특히 대통령이란 직책은 선택의 책임 때문에 고독하며, 자기희생을 통해 남에게 귀감을 보여야 하는 자리라 할 수 있습니다. 해리 트루먼 대통령의 집무실에는 이런 글귀가 새겨진 명패가 있었습니다. "모든 의사 결정의 책임은 내게 있다(The Buck stops here)."

대통령을 꿈꾸는 정치인들은 국정을 이런 식으로 감당할 준비가 되어 있는지, 자신의 능력과 자세를 되돌아보고 준비하는 현명함이 요구됩니다. 대통령직의 이런 무게를 깊이 깨닫지 못하거나, 또는 단지 대중의 인기라는 정치적 상품성 때문에 국민 일부의 지지에만 업혀 대통령 후보로 나선다면, 그 자체가 국가적인 불행이자 개인적인 불행의 단초가 될 수 있습니다.

섀클턴보다 1년 먼저 북극 탐험에 나섰다가 고립된 빌흐잘무르 스테판슨의 사례는 섀클턴과 정반대의 모습이었습니다. 그가 이끄는 캐나다 원정대는 고립된 지 수개월 만에 짐승처럼 변해갔습니다. 거짓말과 속임수, 도둑질 등이 판치며, 극한 상황에 처한 인간의 가장 밑바닥 광경을 보이게 되었습니다.[33] 스테판슨은 탐험이 불가능한 수준의 선박을 독단으로 결정하여 구입했고, 그 선박으로는 살아 돌아갈 수 없음을 예상한 선장이 유빙 지역을 통과하기 직전에 아직 늦지 않았으니 돌아가자고 조언할 때도 묵살해버리고 말았습니다. 그는 부하들과 전혀 소통이 안 되는 리더였던 것입니다.[34] 그는 4명의 대원과 사냥을 구실로 탐험선을 떠나 돌아오지 않았습니다. 결국 대원 11명이 사망하고 9명만이 겨우 구조되지만, 스테판슨은 무사히 살아남아 귀환하면서 최악의 리더로 평가받는 불명예를 남기게 됩니다.[35] 이는 비전문가가 리더가 되어 목표 지상주의와 공명심에 취해 만용을 부릴 경우, 얼마나 큰 불상사와 재앙에 직면할 수 있는지를 보여주는 대표적인 사례입니다.

이처럼 한 사람의 리더가 조직이나 사회, 국가에 끼치는 영향은 실로 큽니다. 동일한 선수로 구성된 팀이 리더에 따라서 짧은 기간에 전혀 다른 팀으로 변화된 사례는 적지 않습니다. 2002년 한일 월드컵 당시, 히딩크 감독이 이끄는 축구 대표팀은 4강이라는 놀라운 성적을 이뤄냈습니다. 그의 성공적 리더십은 솔선수범, 학연과 지연을 배제한 능력에 의한 경쟁, 수직의 권위보다 수평적 공감의 공유, 대화를 통한 소통적 인간관계로 '원팀(one team)'을 만들었기 때문입니다.[36]

심리학자 토마스 차모로-프레무지크는 무능한 리더들의 특징을 "카리스마를 내뿜는 슈퍼 히어로, 반사회적 욕망으로 똘똘 뭉친 사이코패스, 자기중심적이고 자아도취적인 나르시시스트"[37]라고 분석했습니다. 자신만을 위주로 세상을 보는 리더는 자기희생은커녕 공감과 소통 능력 역시 부재할 수밖에 없을 것입니다. 현대 사회에 필요한 바람직한 리더의 모습에 대해서 경영학자 피터 드러커의 주장도 경청

할 만합니다. "유능한 리더는 사랑받고 칭찬받는 사람이 아니라 그를 따르는 사람들이 올바른 일을 하도록 하는 사람이다. 인기는 리더십이 아니다. 리더십은 성과다."[38] 드러커에 따르면, 리더는 올바른 일보다 인기 있는 일을 하고 싶은 유혹을 충분히 견디어낼 수 있어야만 불행하지 않을 수 있다는 것입니다.[39] 드러커는 리더가 인상이 좋고 다정다감함을 갖추면 장점이기는 하지만, 그것이 우선적 자질은 아님을 분명히 강조하고 있습니다.

자기희생과 솔선수범이라는 덕목은 아무나 갖추기 어려운 만큼, 국민들의 신뢰와 협력을 이끌어내기에는 더없이 효과적인 지도자의 기술일 것입니다.

한국의 불행한 대통령들

불행을 피하는 길

21세기형 양방향 소통 방식

21세기가 대통령에게 요구하는 정치 문화는 대통령이 주요 이해 당사자들과 양방향으로 소통하여 건설적인 타협을 이끌어내는 모습입니다. 대통령은 소통에 대한 일차적 책임이 자신에게 있음을 알아야 하며, 그것으로부터 새로운 소통의 문화가 출발하게 됩니다. 그리고 대의민주주의에 대한 확고한 인식과 함께 민주적 절차와 관행을 지키는 모습이 다음 차례입니다. 그럼으로써 여당과 야당이 이분법적으로 대립하는 것이 아니라, 국회의원 각자가 헌법기관으로서의 기능을 수행할 수 있는 여건을 조성해야 합니다.

구체적으로는 대통령이 정기적으로 입법기관과 각 정당 지도자들과 마주하는 모임을 갖는 관행을 만들어야 합니다. 이렇게 입법부와 소통하여 입법기관의 순기능을 인정하는 것이 21세기 '소통형 대통령'의 모습이라고 할 수 있겠습니다.

　시민단체를 포함한 이익집단과의 관계 설정도 양방향 소통의 입장에서 바라보아야 합니다. 이익집단이 자신들의 목적을 달성하기 위한 행동은 당연히 다른 이익집단과 이해 상충의 결과를 초래할 수밖에 없습니다. 여기서 대통령과 집권 세력이 해결사로 나서지 않는 것이 중요합니다. 대통령은 자신의 집권을 지지한 이익집단의 입장을 대변하는 것이 아니라, 자신의 입장과 역할을 갈등의 조정자로 한정해야 합니다. 물론 현실적으로 자신의 집권을 지지한 이익집단의 이해관계가 대통령에게 정치적으로 중요한 요소임을 부정할 수는 없습니다. 그러나 행정부의 수장으로서 대통령은 행정부 각 부처를 활용해 국민의 다양한 이해를 조정하고, 이에 따른 사회적 비용을 줄일 수 있는 정책을 작동시켜야 해야 합니다.

　만일 이해 조정에 실패할 경우, 자신의 성공 역시 없다는 것을 대통령은 늘 유념해야 합니다. 대통령이 특정한 시민단체나 이익집단과 정치적 목적을 공유하거나, 그들을 직접적으로 정치에 참여시키는 것은 시민단체나 이익집단의 정치화를 부추기며, 장기적으로는 그 조직의 사회적 건전성을 저해하게 만듭니다. 대통령으로서 이익집단과의 소통과 관계 설정은, 그들의 활동이 정치화되는 것보다, 그들이 집단 본래의 목적에 맞게 사회적 순기능으로 작용할 여건을 만들어주는 것에 집중해야 합니다.

대통령의 통상적인 정치 활동을 신문과 방송 등 언론을 통해 국민에게 알리는 것은 정치 분야의 뉴스로서 가치가 있을 수는 있으나, 대통령이 국민과 소통하는 방식이라고 볼 수는 없습니다. 기존의 20세기형 언론 매체는 이념이나 정파적 편향성에 따라, 불가피하게 대통령에게 우호적이거나 적대적인 언론으로 구분됩니다. 이에 따라 언론은 대통령과 청와대, 집권 세력에 대하여 소모적 논쟁을 개시하거나 정치적 쟁점에서 벗어나는 지엽적인 문제로 사람들의 의견 대립을 유도하기도 합니다. 최근에는 확인되지 않은 사실들을 제공하여 가짜뉴스를 유도하는 등 부정적 효과도 나타나고 있습니다.

기본적으로 대통령이 국민과 소통한다는 것은, 자신과 집권 세력의 정치적 목적을 알리고 그것을 달성하려는 과정으로 이해할 수 있습니다. 대통령은 집권 기간 동안 긍정적인 소통의 이미지를 형성할 필요가 있습니다. 이를 위하여 SNS를 활용하거나, 공개 미팅 등의 방법으로 특별한 주제나 사안에 대해 국민과 직접 논의하여 갈등을 해소하고 의견을 수렴해야 합니다. 2008년 미국 대선에서 오바마 민주당 대통령 후보가 그 당시 널리 확산되고 있던 양방향 소통 방식인 SNS를 잘 활용했다는 것은 널리 알려진 사실입니다.

오바마 대통령은 재임 기간 중에도 소셜미디어를 통한 소통을 통해 지지를 얻는 데 많은 노력을 기울인 것으로 평가받고 있습니다. 취임 후 미연방 정부 백악관 웹사이트의 전면 개편을 단행하였으며, 국민과의 소통, 참여, 투명성을 목표로 8개의 소셜미디어를 운영하였고 홈페이지 방문자들이 바로 연결될 수 있도록 하였습니다.[40]

반면 미국의 트럼프 대통령은 기존 언론에 대한 불신이 극에 달한 나머지, 직접 소통의 방식으로 SNS를 너무 자주 활용하여 다른 부작용을 낳는다는 평가도 받습니다. 그럼에도 21세기의 대통령이 국민들을 대상으로 SNS 등의 양방향 소통 방식을 활용해야 하는 것은 불가피한 선택이 되었습니다. 특히 코로나19 바이러스의 세계적 확산 이후, 비대면 방식의 온라인 화상회의가 다양한 분야에 급격히 도입되고 있습니다. 2020년 현재 비대면 온라인 화상회의는 이미 교육 현장, 일터, 심지어 국가 정상들 간의 대화 수단으로까지 활용되고 있습니다. 이 방식 역시 국민과의 양방향 소통 시스템을 구축하는 다양한 방법 중 하나로 사용할 수 있습니다. SNS를 이용하여 역으로 가짜 뉴스의 생산 및 확산을 차단하는 등, 소통 부재에 따른 사회의 부정적인 효과를 양방향 소통으로 극복하는 발상의 전환이 필요한 시기입니다.

때로는 한가하게

대통령의 첫 번째 책무는 헌법의 수호입니다. 헌법 89조를 보면 '국정의 기본 계획과 정부의 일반 정책' 등 17개 사항을 국무회의 심의를 거치도록 규정하고 있습니다. 즉 헌법은 대통령의 역할을 내각과 분담하도록 권유하고 있습니다. 현재와 같은 막강한 비서실 권한을 축소하고 국무위원에게 더 많은 권한을 부여하면서, 그들이 자유롭게 토론하며 책임 있는 국정을 수행하도록 지원한다면 어떨까요. 대통령은 확실한 성과를 얻게 될 것이며 국민들로부터 강력한 지지를 얻게 될 것이 분명합니다.[41] 물론 모두가 인정할 만한 인사를 장관에 임명해야 하겠지만, 임명한 후에는 그들에게 일을 믿고 맡긴 다음 대통령 자신은 잠시 한숨 돌려도 좋을 것입니다. 국정의 무거운 짐을 대통령 혼자서 모두 지려고 하지 말고 무거운 업무 중에라도 잠시 짧은 휴식을 취하는 자세가 현대 사회의 리더로서 국정의 성패를 가르는 분기점이 될지도 모릅니다.[42] 시어도어 루즈벨트 대통령은 대통령의 과한 일 욕심, '만기친람(萬機親覽)'이 가져올 문제점을 잘 알고 있었던 것으로 보입니다.

가장 유능한 리더는 하고자 하는 바를 수행하는 뛰어난 자질의 사람들을 발굴하여 옆에 둘 수 있는 탁월한 감각을 지닌 사람이다. 또한 사람들이 맡은

일을 수행하고 있을 때, 그들이 무슨 일을 하든 간섭하지 않는 충분한 자기 절제력을 지닌 사람이다.[43]

대통령이 일 중독에 빠지면 겉으로는 성실히 직무를 하는 것처럼 보이나, 실제 그럴지는 의문입니다. 김대중, 노무현, 이명박 대통령은 유독 일 욕심이 많았던 분들로 알려져 있습니다. 그러나 대통령이 수석 비서관, 장차관의 세부적인 일까지 세세히 관여할 필요가 있을지는 의문입니다. 전문적 영역은 그들에게 맡기고 거시적 국정 운영의 조타수가 되는 것이 대통령이 진짜 해야 할 일 아닐까요.

이명박 대통령은 공사 현장을 관리하는 건설사 책임자처럼 청와대에서도 아침 일찍 업무를 시작하는 바람에 비서진들이 일찍 출근하고 늦게 퇴근하는 게 일상이었다고 합니다. 그것이 바람직한 결과를 낳았을지는 자못 의문이 듭니다. 국정의 전체적인 결과 역시 불행했습니다. 국정을 나눠 일을 분담하고 대통령은 리더 역할에 충실했다면 대통령들의 말로가 조금이나마 덜 험난했을지도 모릅니다. 시민 민주주의가 활성화된 대한민국에서 아직도 대통령을 제왕적 군주로 착각한다는 것은 모순입니다. 이제 대통령은 제왕적 대통령의 모습에서 벗어나 국정의 모든 분야에서 소통의 통로가 되는 '소통령(疏通領)'이 되어도 좋지 않을까 합니다.

신변 관리 문제

'성공적인 대통령의 조건'에서 함성득 교수가 지적한 것처럼 대통령의 국정 운영에 있어서 신변 및 주변 관리 문제를 빼놓을 수 없습니다. 역대 대통령들에게 늘 반복되었던 문제가 바로 이것입니다.

주요 국가 정책을 결정하는 과정에서 국무총리와 관계 부처는 소외되는 데 반해, 대통령을 보좌하는 측근들이 더 큰 영향력을 행사해왔습니다. 부처 장관은 사실상 인사권이 없는 '얼굴마담'에 불과하거나, 대통령이나 청와대 정책 라인의 잘못을 대신 책임지는 역할에 머무는 경우가 다반사였습니다.[44] 부처 장관에게 권한과 책임, 인선을 철저히 위임하고 부처의 자율성을 확대해야 책임 있는 국정 운영이 효과를 발휘할 터입니다.

내각의 장관을 중심으로 하는 책임 정책은 명분만 그럴듯한 게 아니라 실제로도 더 효율적입니다. 가령 박정희 대통령은 경제 정책에 대해 직접 관여하지 않고, 경제 부총리의 책임 아래 내각 중심의 정책 집행을 지지했다는 점을 돌이켜보면 더욱 그렇습니다. 놀라운 경제 발전의 성과를 만들어냈던 것은 내각 책임 정치였던 것입니다.

그러나 우리의 대통령제에서는 청와대 비서실이 내각과는 별도의 실세 내각으로 기능합니다. 비서실과 각 행정부가 유기적으로 연계되어 국정을 운영하는 것이 아니라, 비서실이 부처의 장관을 압도하는 양상을 보이니, 장관의 역할이 무의미해지는 것이 당연합니다.[45] 비서실이 대통령과 부처 간 의사소통을 오히려 가로막는 장애 요소로 작용하고 있는 것입니다. 비서실의 역할이 강화될수록 대통령이 비서실이란 조직의 장막에 가려지고, 내각과 국무회의 중심이 아니라 비서실 중심으로 국정이 운영됩니다. 비서실은 제도상 책임이 없으면서도 정책을 주도하고 정책 결정 과정 체계를 왜곡시킵니다. 비서실의 과도한 권한은 그 자체로 폐단이며, 국정 난맥을 초래할 위험성을 지니고 있습니다.

비공식 권력들이 실권을 장악하게 되면, 권력을 가진 기관장을 자신의 말에 순응하며 청탁을 잘 들어주는 비전문성 인사들로 앉히고, 그들을 통해 권력을 다져나갑니다. 이명박 정부가 서울시 상수도사업본부 본부장으로 일하다가 부시장을 지낸 원모 씨를 국정원장에 임명한 경우가 대표적인 사례일 것입니다. 정보 업무에 전혀 문외한인 그는 갑자기 국정원장으로 임명되어 국정원의 정치 사찰 사건과 선거 개입 사건을 초래했으며, 본인과 안면이 있는 국정원 하급 직원을 이용하여 내부 인사를 좌지우지했다고 합니다.[46] 이런 상태에서 국정원의 기능이 제대로 작동했을지 의심할 수밖에 없습니다.

김대중 정권에서도 국정원의 인사에 잡음이 일어났는데, 역시 인사 편중에서 비롯되었습니다. 1997년 대선 당시 안기부(국정원 전신) 차장 엄모 씨는 내부 정보를 김대중 후보 측에 빼돌리며 정치권 줄 대기에 앞장섰고, 김대중의 대선 승리 이후, 여권 실세들에게 국정원 개혁안과 살생부를 만들어 돌렸다고 합니다. 외부에 나가서는 안 될 기밀 사항까지 포함되었기에 나중에 국정원 측에서 회수하는 소동까지 빚어졌습니다. 그의 행위는 국정원 직원의 정치 개입 금지를 규정한 국정원법을 명백히 위반한 행위인데도 불구하고 그를 중용하려 한 김대중 대통령의 3차례에 걸친 차장 임명 요청에 대해, 초대 국정원장 이종찬은 신건을 차장으로 임명하는 결단을 내리며, "현직에 있으면서 정치권에 줄 댄 사람을 요직에 쓰면 국정원의 기강이 무너진다는 것이 내 판단이었다"[47]고 회상했습니다.

김대중 대통령의 장남 김홍일에게 정치 자금 전달을 시도하고 '진승현 게이트'에 연루되어 2001년 말 구속까지 되었던 정모 씨는 전임 정권에서도 이권 개입설에 연루되는 등 문제가 많아 이종찬 원장 체제에서는 대기발령 상태였는데, 김홍일이 수차례 연락을 해오면서 구제를 요청했다고 합니다. 하지만 이종찬은 받아들이지 않았습니다. 그럼에도 이종찬의 후임으로 천용택이 국정원장으로 부임하자마자, 엄모 씨와 정모 씨는 화려하게 국정원에 재입성하게 되었습니다.[48] 영남 출신 김중권 대통령 비서실장과 서울 출신 이종찬 국정원장의 존재는 호남 주류인 동교동계에는 눈엣가시였는데, 자신들의 청탁이 잘 안 먹히는 데에 불만을 가졌던 것입니다. 이종찬 국정원장에 이어 1999년 말 영남 출신 김중권 비서실장도 교체되면서 권력 기관 요직이 동교동계를 중심으로 한 호남 인맥으로 채워지게 되었고, 서로 '형님, 아우' 하는 이들이 각종 요직을 장악하게 되면서 권력 기관의 견제와 균형이 급속도로 무너졌습니다. 그것이 결국 김대중 정권의 불행을 가속화시키는 요인이 되었던 것입니다.[49]

대통령들이 정권 교체 후에 예전 일로 비판에 직면한다면 매우 억울할 수 있을 것입니다. 잘하려고 노력했는데도 성과가 폄하되니 당황스러울 수도 있습니다. 하지만 실제로는 자업자득인 경우가 많습니다. 야당이나 시민단체 등에서 정치적 공세로 인사 문제를 공격하는 사례가 없을 수는 없겠지만, 누구나 인정하는 더 훌륭한 인재가 있음에도 자신의 지연, 학연 등을 따져 사람을 기용하는 것은 대통령의 책임이 가장 큽니다. 수첩 인사를 넘어 메모지 몇 장 인사를 통해 돌려막기를 하는데, 어떻게 국정이 어려움에 직면하지 않을 수 있을까요?

김대중 대통령은 회고록에서 우리 정치에서 사라져야 할 유산이 지연 말고도 바로 학연이라면서, 재임 기간 중 고교 및 대학 학맥을 혁파하라고 지시했음에도 사라지지 않았다고 했습니다. 특히 학연에 매몰될 인물이 전혀 아니라고 생각한 사람까지 학연으로 움직이더라는 것입니다. 김대중 대통령은 다행히 자신이 상업고교 출신이라 학연을 챙기는 것과는 동떨어질 수 있었다고 회상했습니다.[50]

공정한 인사 정책 문제

한국의 대통령이 직접 임명하는 자리는 매우 범위가 넓습니다. "2017년 현재 박근혜 정부하에서 고위 공직자는 장관급 27명에 차관급 90명을 더해서 모두 117명이다. 대법원장을 비롯해 (중략) 그 수가 무려 약 7,000명에 달한다."[51]

한국의 역대 대통령들이 퇴임 후 불행해지는 원인 중 하나는 재임 중 인사입니다. 특히 행정부의 각 기능을 담당하는 장관급 인사의 선정이 정권의 성패를 가리는데, 각 부처에 부임한 장관이 성공적인 리더십을 구축할지는, 일차적으로 해당 부처의 공무원이 부처의 장을 리더로 인식하느냐의 여부에 달려 있으니까요. 특히 장관급에서는 절차적 정당성의 확보가 핵심적인 문제입니다.

그런데도 보수 정권이냐 진보 정권이냐에 관계없이 일반적으로 대권을 잡게 되면 집권 과정에서 공을 세운 소위 '공신'을 비롯한 대통령 주변의 사람들을 챙깁니다. 이는 어느 정도는 정치 세력이 권력을 쟁취하고 얻는 보상으로 이해할 수 있으며 대통령이 자신의 정책을 펼치기 위해서는 당연한 것으로 받아들여지곤 합니다. 그러나 객관적으로 수긍할 수 없을 정도의 자격 미달이나 정치적 편향성이 뚜렷한 사람을 요직에 앉히는 경우까지 당연하게 받아들일 수는 없는 일입니다. 특히 집권 세력이 뒤바뀌는 정권 교체의 상황에서는 대통령

편에 있는 사람들 위주로 이념에 따른 인사가 이루어지는 경향이 강한데, 이 또한 퇴임 후 대통령이 개인적으로 불행해지는 원인을 제공합니다.

한국에서 인사가 이루어지는 과정을 보면, 대체로 청와대가 많은 권한을 갖고 결정의 주체가 되곤 합니다. 한국에서는 행정 각 부처의 수장인 장관이 자기 부처의 고위급 공무원 인사를 결정하지 못하고, 청와대가 주도하고 결정하는 것이 당연시됩니다. 진보 정부나 보수 정부를 가릴 것 없이, 대통령과 청와대가 국정의 중심이고 권력의 중심이니, 인사도 결정하는 것이 마땅하다는 암묵적인 인식이 있는 것입니다. 그러나 재임 중 대통령과 청와대의 과도한 인사 개입은 퇴임 후 부메랑이 됩니다. 박근혜 대통령은 집권 초기 인사 추천을 전담하는 부서의 부재로 인해 '수첩 인사, 밀실 인사' 등으로 비판받으며 수많은 인사 논란을 낳았습니다. 당시 김기춘 비서실장을 중심으로 하는 인사위원회에게 정보와 권한이 집중되었고, 발탁된 본인마저 그 사실을 발표 전일에 알 지경이었습니다.[52] 일명 '보안 우선주의' 탓에 당선인 시절부터 인사에 대한 말이 많았으나, 박근혜 대통령 본인은 이를 두고 "죄인처럼 혼내고 망신을 주는 식의 청문회 때문에 나라에 인재를 불러다 쓰기가 어렵다. '아니면 말고'식 의혹이 제기되고 사적인 부분, 가족까지 검증하는데 이러면 좋은 인재들이 인사 청문회가 두려워 공직을 맡지 않을까 걱정이다"라고 발언하는 등, 기존 인사

청문회 제도에 문제를 돌리면서 자신도 어려움을 겪고 있다며 고충을 토로하기도 했습니다.[53]

반대로 노무현 대통령은 인사 청문회, 특히 장관급에 대한 인사 청문회 제도에 대해 "차라리 인사 청문회를 하면 최소한 답변의 기회라도 있다"는 점, 그리고 "청와대 검증이 비공개로 하는 것이어서 신뢰성에 항상 문제가 있는 것 같아 검증의 신뢰성과 안정성을 높이기 위해서 국회 청문 절차를 거치자"는 점에서 필요성을 피력한 바 있습니다. 그러나 한편으로는 "막상 해보니까 공개적으로 검증 절차를 거친다는 장점이 있는 반면에 청문회 과정이 완전히 정쟁의 기회로 왜곡되거나 변질되는 그런 현상이 나타나 아쉬움도 상당히 많이 있다"는 안타까움을 밝히기도 했습니다.[54]

잦은 조직 개편과 행정 개혁

인사 문제와 맞물리는 다른 큰 폐해는 역대 대통령들이 재임 중 정부 조직을 늘 개편하려고 시도한 점입니다. 이름도 바꾸고, 부처도 통폐합하면서 자신의 정치 철학과 국정 방향을 정부 조직 개편을 통하여 표출하려는 경향이 강합니다. 어느 정부에 있던 장관 자리가 다음 정부에서 없어지거나 전혀 새로운 자리가 생기곤 하는데, 이것은 경향적으로 대통령의 인사 문제와 밀접하게 연관됩니다. 역대 대통령들은 대개 정부 조직 개편을 치적으로 여기곤 했습니다.

김영삼 전 대통령은 회고록에서 "12월 3일 정부 조직 개편은 공직 사회의 예상을 훨씬 뛰어넘는 정부 수립 이후 초유의 대규모 개편이 었다"[55]고 회상했으며, 김대중 대통령도 정부 조직 개편에 대하여 회고록에서 다음과 같이 언급하고 있습니다. "1월 22일 국무회의를 열고 재정경제부 및 교육부장관의 부총리 승격과 여성부 신설 등을 내용으로 하는 정부조직법 개정 공포안을 의결했다."[56] 이후의 정권 역시 또 조직을 바꾸었습니다. 통일부, 과학기술부, 정보통신부, 여성부 등이 폐지 및 축소되는 부처로 거론되었을 때 김대중 대통령은 상당히 우려했습니다.[57] 실제로 통폐합된 부서들을 보면, 업무나 인력은 전 부처와 유사함에도 왜 합쳐야 했는지 잘 이해가 되지 않는 부분이 있었습니다. 외교통상부, 교육과학기술부, 행정안전부, 문화체육관광부 등이 대표적으로 그 안에서 연계가 잘 안 되는 부서가 아닐까 합니다. 박근혜 정부에서도 부처의 이름을 열심히 개명하여 미래창조과학부, 산업통상자원부가 출현했는데, 일 잘하는 것과 도무지 무슨 상관이 있는지 이해하기 어려운 조치였다고 봅니다. 결국 박근혜 대통령은 제일 중요한 국정 업무에 대해서는 최고 책임자로서 동떨어진 태도를 보였음을 모두 잘 알고 있는 사실입니다. 직제의 개편은 단지 새 정부의 자기만족에 빠진 행위가 아니었는지 돌아보게 됩니다.

이를테면 정부에서 행정 관리를 담당하는 부서의 명칭은 노무현 정부 이후 매번 명칭만 변경되어 왔습니다. 노무현 정부에서 '행정관리담당관'이 '혁신인사담당관'으로 바뀌었다가, 이명박 정부에서는 이것이 '창의혁신담당관'이 되었다가 다시 '행정관리담당관'으로 돌아갔습니다. 박근혜 정부에서는 같은 직책의 명칭이 '창조행정담당관'으로 변했습니다. 현 정부에서도 예외 없이 명칭이 바뀌어 '혁신행정담당관'이 되었습니다. 매번 직책의 명칭만 바꾸고 하는 일은 같은 것으로 규정되어 있습니다. 늘 정권이 바뀌면 정부 조직도 바뀌고 같은 일을 하는 부서의 명칭이 바뀝니다. 이러한 일들이 반복되는 것이 과연 정부 부처의 효율을 높이거나 정권의 철학과 목표를 구현하는 것과 무슨 관련이 있을까요. 공직 사회만 피곤하게 만드는 것이고 실제 업무에는 아무 영향을 미치지 못하는, 결국 대통령의 불행에 한몫을 더하는 일이 반복되고 있는 것입니다.

지도자가 적재적소에 필요한 인재를 쓰는 것은 동서고금을 막론하고 성공한 정부와 지도자가 되는 길임을 누구나 알고 있습니다. 그러나 한국의 현실은 반대로 가는 경우가 많았습니다. 행정부 수반인 대통령과 업무의 전문성을 가진 공무원과의 관계 설정은 집권 세력의 성공적인 목표 달성을 위해 핵심적인 요소입니다. 그러나 지금까지 대통령이 바뀔 때마다 늘 공무원 집단은 개혁의 대상이 되곤 했습니다. 그렇게 공무원 사회가 위축된 채 새로운 징치 세력에 눈치만 보는 와중에, 행정부의 집행 기능은 약화됩니다. 대통령과 집권 세력이 추진하는 정책 이행과 성과에는 악영향만 미칠 뿐입니다. 이런 상황의 재연은 특히 임기 말의 레임덕 현상의 반복과도 연관이 있는데, 노무현 대통령은 이를 두고 "임기 말에는 국회, 당이 협조하지 않는 경우가 생기고 공무원들도 새로운 정책을 입안하려 하지 않는 경우가 있다"고 설명했습니다. 다만 "좋은 정책이 중심을 잡으면 정권이 바뀌어도 유야무야되지 않을 것"이라며 "장관들이 그런 공감대를 부처 공무원들에게 널리 심어줬으면 좋겠다"고 덧붙여 당부한 것은 인상적입니다.[58]

전문성을 보유한 공무원 집단의 잠재적 역량을 최대한 활용하려면, 집권 세력이 공무원 집단을 정치 집단의 하부 영역으로 인식하는 관행에서 벗어나야 합니다. 그렇지 않으면 집권 세력의 정치적 목표를 달성하기는 어렵습니다. 이런 관행에 빠져 있는 한, 공무원의 복지부동 문화는 확산될 뿐이며, 공무원 집단 중 일부가 스스로 정치화되는 동기만 줄 뿐입니다. 공무원 사회의 부정적인 이미지는 결국 정치 집단이 원인을 제공하는 경우가 대부분입니다. 정치 세력이라면 여당이건 야당이건 가릴 것 없이 이에 책임이 있습니다.

대통령은 공무원 사회의 '논공행상'에 있어 투명성과 정당성을 확보해야 합니다. 정무직 고위 공무원뿐만 아니라 중간 간부급 공무원도 정치의 풍향에서 자유롭지 못한 이유 중 하나는, 공무원 평가의 공

한국의 불행한 대통령들

정성에 대한 근본적인 의문 때문입니다. 열심히 일한 공무원보다 정치 쪽과 줄을 대는 공무원이 더 잘 승진하고 좋은 보직을 받는 상황에서, 공정하고 국가에 헌신하는 공무원을 기대하는 것은 무리겠지요. 이를 개선하기 위해 필요한 것은 공무원 인사 제도의 혁신입니다. 각 부처에서는 종전의 형식적인 자체 평가를 각 업무별 역할과 기능에 따라 획기적으로 개선해야 할 것입니다. 공무원 집단도 각 부처의 기능과 역할에 따라 요구되는 전문성이 있는데, 이를 무시하고 기존의 획일적인 인사 시스템으로 평가하고 관리해온 것에는 문제가 있습니다. 이를 위해 각 부처의 장에게 부처의 실질적인 인사권을 과감하게 위임하여, 부처의 장이 공정하고 투명한 인사권을 행사할 수 있어야 합니다. 민간, 학계 또는 해외의 우수한 외부 전문 인력과 공정한 경쟁을 권장할 필요도 있겠습니다. 이러한 개혁을 통해 공무원들이 행정과 공공 부문에서의 전문성을 향상시킨다면, 대통령과 집권 세력이 의도한 정책을 성공적으로 집행할 수 있을 것입니다.

공무원 집단 전체의 역량과 생산성을 높이는 가장 좋은 방안 중 하나는 내부와 외부 인력과의 경쟁이 공정히 이루어지고, 결과가 투명하고, 평가가 객관적인 시스템의 마련입니다. 이를 위해서는 어떤 공무원 평가 제도가 도입되더라도 제3의 외부 기관의 독립적인 평가가 절대적으로 필요합니다. 외부 기관은 정부 부처에 대한 정책 수요자인 국민을 대신하여 수요자의 입장에서 평가해야 합니다. 인사 제도의 과정이 투명하게 공개되어야 함은 말할 필요도 없겠습니다. 투명성으로 시작되는 정당성을 확보하기 위해서는 제3의 독립 기관 역시 평가의 전문성과 객관성이 요구될 터입니다. 평가에 따른 과감한 인센티브도 고려되어야 합니다. 지금까지 공무원에 대한 관행적 지원 프로그램은 공무원의 집단적 이익을 대변하는 것으로 활용되는 경우가 많았고, 실제 공정한 경쟁과 평가의 결과에 따른 인센티브의 성격은 약했던 것이 사실입니다. 대통령은 이 문제를 개선하는 방안을 마련해야 합니다. 그리고 국민과 공무원 모두가 수긍할 수 있는 평가 방법도 마련해야 합니다. 그것이 이루어진다면 마침내 성공하는 대통령의 전제 조건 하나가 실현되는 셈입니다.

한국의 불행한 대통령들

맺는 말

대통령의 불행을 초래하는 리더십 문제와 우리 시대 바람직한 리더십의 표상을 살펴보았습니다. 대통령의 리더십과 관련하여 이해찬 총리의 고백에 따르면, 본인이 재야 활동 시기에는 박정희 대통령의 경제 성과에 대해 인정하지 않았다가, 노무현 정권에서 총리를 하면서 박정희 대통령이 이룬 경제 성과를 부인해서는 안 되겠다는 생각이 들었다는 것입니다. 그는 국회에서 현실 정치에 참여하고 서구와 제3세계의 개발도상국들을 방문하면서 재야의 주류 시각인 '민족경제론'이나 '종속경제론' 등이 현실적으로 잘 맞는 이론이 아님을 인정하게 되었다고 합니다.[59] 그는 직접 국정을 수행해보면서 정책 집행의 현실적 한계를 체감하게 되었고, 책이나 이론이 아닌, 직접 보고 들은 다양하고 생생한 정보에서 기존의 고착된 시각이 달라질 수 있는 계기가 생겨났다고 밝혔습니다.[60]

대통령은 국민들이 미래에 대한 희망을 갖고 자신을 믿고 따르게 할 비전을 제시하여 국민의 힘을 모을 수 있어야 합니다. 이것은 대통령이 될 사람이 시대정신을 정확히 인식하고 구체적으로 문제의 해결 방안을 제시해야 한다는 뜻입니다. 임기를 마칠 때 목표에서 벗어나 다른 길에 서 있음을 발견하지 않으려면 반드시 그러해야 합니다. 누가 입혀준다고 해서 자기 옷이 되는 것은 아닙니다. 노무현 대통령은 회고록에서 "나의 실패가 여러분의 실패는 아니다"라면서 대통령이 되려고 한 것이 가장 큰 오류였다고 했습니다. "개인적으로 준비되지 않았고, 준비된 조직적 세력도 없이 정권을 잡았고, 우리 사회가 미처 받아들일 준비가 안 된 개혁을 하려고 한 것이 무리"였다고 말하고 있습니다.

> 몽땅 덮어씌우려는 태도도 옳은 것이 아니지만 노무현을 과감하게 버리지 못하는 것도 극복해야 할 자세이다. 여러분은 여러분의 할 일이 있고, 역사는 자기의 길이 있다. 정치의 성패가 도덕성 하나에 의지하는 것은 아니다. 도덕성이 중요하다. 그러나 그 하나에 매달려서 스스로를 옭아매는 것은 민주주의의 미래를 위해서 도움이 되지 않는다.[61]

국정의 성공을 위해서는 인재 등용에 코드를 중시하지 말아야 합니다. 이는 아무리 역설해도 지나치지 않지만, 이제까지의 대통령들은 전임자들의 실패 사례를 반면교사로 삼지 못했습니다. 초기에는 코드 인사의 일사불란함을 보며 효용성이 크다고 느끼는 것이 당연할 것입니다. 아무래도 방향성에서 유사한 이들로 정책 라인이 꾸려져 있으니, 노선도 일관되며 결정도 신속하여 국정이 잘 돌아가는 것처럼만 보이겠지요. 그러나 그런 일사불란함은 집단 편향성이라는 오류로, 심각한 정책적 착각으로 이어지기 쉽습니다. 결국에는 거대한 실패에 봉착할 가능성이 오히려 커지는 것입니다. 앞서 언급했던 섀클턴이 이질적 대원들 간의 팀워크를 무엇보다 중시했던 이유가 여기에 있습니다. 피터 드러커는 같은 코드를 가진 인사로 조직이 운영될 경우의 문제점을 정확히 지적하고 있습니다.

올바른 결정은 반대되는 의견이나 다른 관점의 충돌에서 생성된다. 따라서 필요한 것은 의견의 일치가 아니라 불일치이고, 모두의 의견이 일치한 경우라면 결정해서는 안 된다. 성과를 올리는 사람은 의도적으로 의견의 불일치를 만들어내기도 한다.[62]

어느 대통령을 막론하고 경중의 차이는 있겠지만 공통적인 특징은 혈연, 지연, 학연에 의한 인재 등용이었습니다. 최근에는 이념적 코드가 다르면 전혀 쓸 생각조차 하지 않는 것이 관행처럼 되고 있습니다. 가능한 최고의 인재를 활용해도 국정이 잘 될지 장담하지 못하는데,

대선 승리에 기여한 주변인들로만 국정을 운영하는 것이 대통령 자신에게 바람직할지는 매우 의심스럽습니다. 창업과 수성은 일의 성격상 큰 차이가 있는데도 불구하고, 창업에 기여한 충성파들로 국정 책임을 맡기다 보면 후회스러운 결과를 초래하기 쉽습니다. 오랜 도전 끝에 당선된 김대중 대통령이 최측근이었던 권노갑, 김옥두 등 충직한 측근들을 국정에 참여하지 못하게 차단한 이유가 여기에 있었을 것입니다.

섀클턴이 위대한 리더로 세간에 높은 평가를 받는 것은 죽음이 기다리는 극한 상황에서도 인간의 본능을 극복해낸 리더십, 그것도 홀로가 아닌 동료들과 어려움을 함께 극복해낸 리더였기 때문입니다. 동료들과 늘 소통하며 그들의 의견을 반영하려 노력했고, 불편하고 힘든 것은 자신이 먼저 나서서 감당했으며, 항상 부하들을 먼저 배려했기에 대원들이 그를 진심으로 따르게 되었습니다. 정치적 위상을 높이기 위해, 또는 국민에게 보이는 그럴듯한 이미지를 만들기 위해 연기하는 정치인과 달리, 섀클턴에게는 몸에 배인 배려와 희생의 정신이 있었기에 누구나 그를 진정한 리더라고 여길 수밖에 없었을 것입니다.

지도자에게 요구되는 주요 덕목 가운데 하나인 자기희생을 보여준 점에서 바람직한 리더의 표상이 될 수 있는 사례로는 베트남의 호찌민이 있습니다. 호찌민은 1960년대 중국의 마오쩌둥, 북한의 김일성처럼 지도자로서 신격화 작업을 거부했다고 합니다. 측근들이 호찌민에 대해 신격화 작업을 추진하겠다는 나섰지만, 그는 웃으며 쓸데없는 짓이라고 그들을 나무랐다고 합니다. 그는 미국과의 전쟁 중에 고생하는 국민들 생각에 공직 내내 단추가 떨어진 변변치 않은 옷을 걸치고 고무신을 신는 청빈함을 고수함으로써 국민들을 단합시킬 수 있었고, 절대 불가능하리라고 여겨진 미국과의 전쟁에서 승리해 독립과 통일을 이룩한 청렴결백한 인물이었습니다. 호찌민은 권력을 이용해 어떠한 부귀영화나 안락도 추구하지 않은 서민적 지도자였습니다.[63]

　지도자는 결국 자기희생을 통해 국민들의 신뢰와 존경심 속에서 국민과 공감하며 목표를 향해 전진시켜 나가는 국민적 에너지를 만들어 내는 능력을 갖추어야 합니다. 섀클턴도 당시에는 남극 탐험에서 성공을 거두는 것보다, 그 탐험에서 위대한 실패를 하는 것을 통하여 자신의 이름이 세상에 이처럼 오랫동안 회자되리라는 사실을 전혀 예상하지 못했을 것입니다. 어떻게 보면 지금까지는 스테판슨 같은 리더가 우리들에게 더 익숙히 다가왔던 모습입니다. 우리의 전직 대통령들의 정치적 역정과 리더십 행태를 돌아보면 그들은 자신을 중심으로 세상을 보려 하고, 정치 공학적 차원에서 국민이란 거창한 이름을 내세우지 않았나 하는 생각이 들기도 합니다. 그들에게 일부 국민은 열광하고, 또 다른 일부는 환멸을 드러내고, 또 다른 국민들은 현안과 정책에 따라 부분적으로 찬성하거나 반대를 표시하며, 그렇게 대한민국의 과거는 현재로 흘러온 것입니다.

지도자가 된다는 것, 특히 한 국가의 대통령이 된다는 것은 개인에게 축복이면서도, 더 좋은 후보자들이 국가와 국민을 위해 봉사할 수 있는 정치적 기회를 빼앗은 채무일 수도 있습니다. 중국의 총리였던 원자바오는 중국에 자기와 같은 정도의 인물이 수없이 많다며 겸허히 자신을 낮추었습니다. 노력과 함께 운이 좋아 그 위치에 올랐다는 겸손의 뜻입니다.[64] 이런 마음가짐의 차이는 전혀 다른 국정 결과를 초래할 수 있습니다. 후진타오 주석, 원자바오 총리 두 사람이 이끌었던 동시대 중국은 주변국들에 위협적이지 않으면서도 전성기를 구가했습니다. 국정을 이끄는 최고 지도자의 마음가짐을 담은 그릇의 크기가 세상의 차이를 만드는 것입니다. 보스턴 필하모닉 지휘자 벤자민 젠더의 다음 말은 우리 시대의 진정한 리더의 의미에 대해 곰곰이 생각해보게 만듭니다.

오케스트라를 지휘하는 지휘자는 자기는 정작 아무 소리도 내지 않는다. 그는 얼마나 다른 이들로 하여금 소리를 잘 내게 하는가에 따라 능력을 평가받는다. 다른 이들 속에서 잠자고 있는 가능성을 깨워서 꽃피게 해주는 것이 바로 리더십이 아닐까?[65]

한국의 불행한 대통령들

주석

서장 유감과 동정

1) 김지은, 『김지은입니다』, 봄알람, 2020, 108, 110쪽.

2) 졸저, 『세계의 발견』, 경희대학교 출판문화원, 2010.

3) 김성보, 『북한의 역사 1』, 역사비평사, 2014, 12쪽.

4) 유시민, 『나의 한국현대사』, 돌베개, 2014, 13쪽.

5) 졸저, 『장성택의 길』, 알마, 2018, 참조.

6) 강준식, 『대통령 이야기』, 예스위캔, 2011, 22쪽.

7) 졸저, 『세계의 발견』, 경희대학교 출판문화원, 2012, 참조.

8) 강준식, 『대통령 이야기』, 예스위캔, 2011, 작가는 이런 현상을 아래와 같이 표현했다. "누구나 밝은 아침으로 시작하지만 그 종말은 어두운 밤으로 끝난다." 그는 또 이와 관련해서 한 로마 황제의 묘비명을 인용했다. "나는 그대였나니 그대도 내가 되리라.", 20쪽.

9) 이 글에서 우리나라 정부의 최고 지위에 있었지만 실제 영향력이 크지 않았거나 이 글에서 다루는 주제에 해당하는 '대통령'이 아니었던 분들은 고려의 대상에서 제외했다. 그분들은 장면 총리, 유보선, 최규하 대통령이다.

10) 이분의 그런 발언은 그 당시 기대가 컸던 김대중 대통령의 자식 세 분이 모두 비리 부정에 연루되어 옥고를 치루는 것으로 대통령 자신도 곤경에 처한다는 기사가 해외 신문에 많이 보도된 것에 부분적으로 영향을 받은 것이 아닌가 생각한다. 이 문제는 김대중 대통령의 민주화 노력과 남북 화해의 공로를 인정받아 노벨상 수상까지 한 분으로 해외 매체에 많이 알려졌기 때문에 더 크게 부각된 것이 아니었나 싶다.

11) 예로 Phlip Thondy, French Caesarism, St. Martin's Press, NewYork, 1984 등 참조.

12) 문희상,『대통령, 우리가 알아야 할 모든 것』, 경계, 2017, 75, 101, 172, 181, 182쪽. 정두언,『잃어버린 대한민국의 시간』, 21세기북스, 2017, 338쪽 참조.

13) 윤여준 외,『문제는 리더다』, 메디치미디어, 2010, 68쪽.

14) 이종률,『대권의 주변 상』, 내일, 1991, 70쪽.

15) 앞 책, 71쪽.

16) "Plus ça change, plus c'est la même chose", Jean-Baptiste Alphonse Karr라는 프랑스인이 한창 혁명 격동기인 19세기 중반에 했다는 이야기입니다.

17) "Politics of Caesarism in Korea – Politics of Presidential Prerogatives in Korea", 오래전에 쓴 이 논문은 유감스럽게 유실되었고 출처를 찾을 수 없습니다. 여기에 인용은 저의 기억에 의존하고 있습니다.

18) 문희상,『대통령, 우리가 알아야 할 모든 것』, 도서출판 경계, 2017, 172, 233쪽. 정두언,『잃어버린 대한민국의 시간』, 21세기북스, 2017, 194쪽 참조.

19) 정두언, 앞 책, 74쪽.

20) 앞 책, 138쪽.

21) 앞 책, 194~195쪽.

22) 앞 책, 100쪽.

23) 슈테판 츠바이크,『나쁜 정치가 어떻게 세상을 망치는가』, 바오 출판사, 2004, 177~178쪽. 단지 나폴레옹의 모친만이 이를 달갑게 여기지 않았고 대관식에도 참석하지 않았다는 일화가 전한다.

24) 김영삼,『김영삼 대통령 회고록 하』, 조선일보사, 2001, 308쪽.

25) 김대중,『김대중 자서전 2』, 삼인, 2010, 464쪽.

26) 앞 책, 479쪽.

27) 김영삼,『김영삼 대통령 회고록 하』, 조선일보사, 2001, 308~310쪽.

28) 김대중,『김대중 자서전 2』, 삼인, 2010, 479~480, 575쪽.

29) 앞 책, 556쪽. 국회의원 당선이 금품 비리 전력의 명예 회복이 되는지는 물론 다시 생각해보아야 하는 문제다.

30) 문희상,『대통령(우리가 알아야 할 대통령의 모든 것)』, 경계, 2017, 164~165쪽.

31) 문희상,『대통령, 우리가 알아야 할 모든 것』, 도서출판 경계, 2017, 164~167쪽. 노무현,『성공과 좌절』, 학고재, 2015, 113~115쪽. 김영삼,『김영삼 대통령 회고록 하』, 조선일보사, 2001, 290쪽 이하. 윤여준,『대통령의 자격』, 메디치미디어, 2011, 406쪽.

32) 정두언,『잃어버린 대한민국의 시간』, 21세기북스, 215쪽.

33) 김대중,『김대중 자서전 2』, 삼인, 2010, 529, 542쪽.

34) 앞 책, 566쪽.

35) 박주선과의 대화, 2020. 6. 29.

한국의 불행한 대통령들

36) 박주선, 『正義 박주선의 도전과 용기』, 동행, 2012, 105~111쪽.

37) 박주선과의 대화, 2020. 6. 29.

38) 이런 주장을 강하게 한 저술로 김환태, 『노무현 게이트』, 글힘, 2003, 참조.

39) 김대중, 『김대중 자서전 2』, 삼인, 2010, 529쪽. 한화갑 대표로서는 침묵을 지킬 이유가 있었다. 이 문제에 관하여서는 다른 기회에 언급하려 한다.

40) 앞 책, 474~475쪽.

41) 앞 책, 512~512 쪽. 임동원, 『피스 메이커』, 중앙북스, 2008, 참조.

42) 김대중, 『김대중 자서전 2』, 삼인, 2010, 548~549쪽.

43) 북한이 처음 핵무기 실험에 성공하던 날 김대중 대통령은 마침 잠시 귀국해 있던 필자를 조찬에 불렀다. 신부전 때문에 평소와 다른 토스트 위주의 식사를 앞에 두고 핵 문제 등 여러 가지 의논을 나누었다. 김대중 대통령은 핵무기에도 불구하고 햇볕정책의 지속적인 추진을 말했고, 필자도 그에 동의하지만 너무 쉬운 낙관을 경계해야 하지 않겠는가 하는 말을 한 기억이 있다.

44) B. R. 마이어스, 『북한은 왜 극우의 나라인가』, 시그마북스, 2011, 101~104쪽.

45) 앞 책, 510쪽.

46) 이진, 『참여정부, 절반의 비망록』, 개마고원, 122~124쪽.

47) 문희상, 『대통령, 우리가 알아야 할 모든 것』, 도서출판 경계, 2017, '돈 안 드는 선거라는 꿈'.

48) 정두언, 『잃어버린 대한민국의 시간』, 21세기북스, 100쪽

49) 앞 책, 100쪽.

50) 앞 책, 170쪽.

51) 신재민, 『왜 정권이 바뀌어도 세상은 바뀌지 않는가』, 유씨북스, 2020, 32~38, 54쪽 등.

52) 정두언, 『잃어버린 대한민국의 시간』, 21세기북스, 133쪽.

53) 권순욱, 『누가 노무현을 죽였나』, 헤윰, 2019, 12, 258쪽. 이 책은 노무현을 죽음으로 몰아넣은 것은 보수나 보수 언론 외에 그가 속했던 민주당과 진보 인사들 그리고 진보 언론이라고 주장한다.

54) 정두언, 『잃어버린 대한민국의 시간』, 21세기북스, 107~108쪽.

55) 앞 책, 214쪽.

56) 앞 책, 286쪽.

57) 김대중, 『김대중 자서전 2』, 삼인, 2010, 564~564쪽.

58) 노무현, 『성공과 좌절』, 학고재, 2009, 177쪽.

59) 문희상, 『대통령, 우리가 알아야 할 모든 것』, 도서출판 경계, 2017, 234쪽.

60) 김세연 의원 회견, 『중앙일보』, 2020. 5. 15.

61) 윤여준 외, 『문제는 리더다』, 메디치미디어, 2010, 68쪽.

1장 대통령을 기다리는 외교 함정

1) 노태우, 『노태우 회고록 하 - 전환기의 대전략』, 조선뉴스프레스, 2011. 김영삼, 『김영삼 대통령 회고록 상, 하』, 조선일보사, 2001. 김대중, 『김대중 자서전 2』, 삼인, 2010. 노무현, 『성공과 좌절』, 학고재, 2009. 이명박, 『대통령의 시간 2008~2013』, 알에이치코리아, 2015.

2) 조병제, 『북한, 생존의 길을 찾아서 - 1차 핵위기의 본질』, 늘품플러스, 2019, 153~156쪽.

3) 임동원, 『피스 메이커』, 중앙북스, 2008, 506~530쪽.

4) 김대중, 『김대중 자서전 2』, 삼인, 2010, 416쪽.

5) 라종일, 이 책 '서장 유감과 동정' 참조.

6) 김대중, 『김대중 자서전 2』, 삼인, 2010, 548쪽.

7) 김영삼, 『김영삼 대통령 회고록 상』, 조선일보사, 2001, 98~99쪽.

8) 앞 책, 102쪽.

9) 앞 책, 317쪽.

10) 노무현, 『성공과 좌절』, 학고재, 2009, 221쪽.

11) 앞 책, 222~234쪽.

12) 이명박, 『대통령의 시간 2008~2013』, 알에이치코리아, 2015, 118쪽

13) 앞 책 126쪽.

14) 김영삼, 『김영삼 대통령 회고록 상』, 조선일보사, 2001, 363쪽.

15) 노무현, 『성공과 좌절』, 학고재, 2009, 218쪽.

16) 앞 책, 217쪽.

17) 김영삼, 『김영삼 대통령 회고록 상』, 조선일보사, 2001, 191쪽.

18) 앞 책, 199쪽.

19) 유엔 헌장 제1장 2조 4항: 모든 회원국은 그 국제관계에 있어서 다른 국가의 영토 보전이나 정치적 독립에 대하여 또는 국제연합의 목적과 양립하지 아니하는 어떠한 기타 방식으로도 무력의 위협이나 무력행사를 삼간다.

20) 노무현, 『성공과 좌절』, 학고재, 2009, 223쪽.

21) 김정일, '사회주의 건설의 역사적 교훈과 우리 당의 총노선 : 조선노동당중앙위원회 책임 일군들과 한 담화(주체 81년 1월 3일)', 『김정일 선집 16』, 조선로동당출판사, 2012, 66쪽.

22) 라종일, 『세계와 한국전쟁』, 대한민국역사박물관, 2019, 237쪽.

23) 노무현, 『운명이다』, 돌베개, 2010, 248~249쪽.

24) 이명박, 『대통령의 시간 2008~2013』, 알에이치코리아, 2015, 265쪽.

25) 앞 책, 392~395쪽.

26) 앞 책, 198쪽.

27) 앞 책, 216쪽.

28) 노무현, 『성공과 좌절』, 학고재, 2009, 196쪽.

29) 김대중, 『김대중 자서전 2』, 삼인, 2010, 499쪽.

30) '라종일 교수가 말하는 DJ 정부 남북 관계 비화', 「월간 중앙」, 2020. 3. 27.

31) 김대중, 『김대중 자서전 2』, 삼인, 2010, 474~475쪽.

32) 임동원, 『피스 메이커』, 중앙북스, 2008, 614~616쪽.

33) 김대중, 『김대중 자서전 2』, 삼인, 2010, 513쪽. 임동원, 『피스 메이커』, 중앙북스, 2008, 701쪽.

34) 초당주의라는 말은 1948년 미국 상원의 반더버그 외교 위원장이, 자신은 공화당 소속임에도 불구하고, 당시 민주당 소속의 트루먼 대통령이 냉전 초기 유럽 정세와 관련하여 추진한 트루먼 독트린, NATO 결성, 마샬 플랜 등 주요 대외 정책을 당파 당략을 떠나 적극 지지한 데서 유래한다. 반더버그 위원장은 "정치는 물가에서 멈춘다(Politics stops at water's edge)"라는 말을 남겼는데, "바다를 건너 외국으로 가는 순간, 국내 정치를 떠나 국가 이익을 생각할 뿐이다"라는 뜻으로, 이후 초당주의를 상징하는 말이 되었다.

35) 박근혜 대통령의 해외 순방 횟수는 2016년 12월 국회 탄핵 결의 이전까지 기록이다. 참고로 전두환 대통령은 7년 임기 동안 모두 7번, 1년에 한 번 정도 해외 출장을 다녔다.

36) '외유(外遊)'라는 말이 있다. '외국을 유람한다'는 뜻인데, 업무적으로 꼭 필요하지 않으면서도 굳이 정부 예산을 들여 해외에 다니는 경우를 가리킨다. 언론이 고위 인사들의 해외 출장을 비판할 때 종종 이 표현을 쓴다.

37) 원문은 "Everybody has a plan until they get punched in the mouth."

38) Jonathan Swan, "Trump's strategic planning inspiration: Mike Tyson," AXIOS, January 16, 2019.

39) Theodore C. Sorenson, "The President and the Secretary of State", Foreign Affairs, Winter 1987/8, Vol. 66, Iss. 2, p. 238.

40) "Defense Secretary Urges More Spending for U.S. Diplomacy", The New York Times, November 7, 2007.

41) "Letter from Chairman of the Joint Chiefs of Staff Mike Mullen on Budget Cut", February 7, 2020. (https://ww.usglc.org/newsroom/letter-from-chairman-of-the-joint-chiefs-of-staff-mike-mullen-on-budget-cut/)

2장 불행한 대통령과 언론

1) 2002년부터 '국경 없는 기자회'가 매년 발표하는 언론자유지수는 180개국의 언론 자유 정도를 나타내며 언론 및 표현의 자유와 관련된 전 세계 18개 비정부기구와 150여 명 이상의 언론인, 인권 운동가 등 특파원들이 작성한 설문을 토대로 매년 순위를 정하고 있다. 설문 내용은 다원주의, 권력으로부터 협력 관계가 지속되는 과정에서 이전의 정부를 견제하던 '정치 언론'으로서의 독립, 자기검열 수준, 제도 장치, 취재 및 보도의 투명성, 뉴스 생산 구조 등 6개 지표로 구성됐다. 출처 : 미디어오늘 2020. 4. 21.

2) 박재영 외, 『한국 언론의 품격』, 나남, 2013, 250쪽.

3) 박승관, 장경섭, 『언론권력과 의제동학』, 커뮤니케이션북스, 2001, 45쪽.

4) 앞 책, 51쪽.

5) 김영삼, 『김영삼 대통령 회고록 상』, 조선일보사, 2001, 90쪽.

6) 앞 책, 269쪽.

7) 박승관, 장경섭, 『언론권력과 의제동학』, 커뮤니케이션북스, 2001, 80쪽.

8) 「조선일보」, 1997. 4. 12.

9) 「동아일보」, 1997. 5. 1.

10) 이영작, 『이영작이 본 대한민국 정치』, 기파랑, 2018, 317쪽.

11) 김영삼, 『김영삼 대통령 회고록 상』, 조선일보사, 2001, 130쪽.

12) 앞 책, 234쪽.

13) 김대중, 『김대중 자서전 2』, 삼인, 1996, 16쪽.

14) 앞 책, 16쪽.

15) 「한겨레」, '현대 · 삼성 · 대우 · 기아의 역사를 바꾼 1997년', 한겨레 아카이브 프로젝트. 2020. 7. 19.

16) 남재희, 『진보열전』, 메디치미디어, 2016, 223쪽.

17) 「한겨레」, 1999. 5. 24.

18) 박승관, 장경섭, 『언론권력과 의제동학』, 커뮤니케이션북스, 2001, 152쪽.

19) 김대중, 『김대중 자서전 1』, 삼인, 1996, 586쪽.

20) 미디어오늘, 『대한민국 프레임 전쟁』, 동녘, 2017, 234쪽.

21) 김대중, 『김대중 자서전 1』, 삼인, 1996, 601쪽.

22) 김대중, 『김대중 자서전 2』, 삼인, 1996, 15쪽.

23) 이영작, 『이영작이 본 대한민국 정치』, 기파랑, 2018, 17쪽.

24) 김근 칼럼, '민족적 사회주의', 「한겨레」, 2000. 8. 23.

25) 노무현, 『성공과 좌절』, 학고재, 2009, 24쪽.

26) 정두언, 『잃어버린 대한민국의 시간』, 21세기북스, 2017, 100쪽.

27) 노무현, 『성공과 좌절』, 학고재, 2009, 19쪽.

28) no cut view. 2012. 5. 21. (www.youtube.com)

29) 권순욱, 『누가 노무현을 죽였나』, 혜윰, 2019, 382쪽.

30) 미디어오늘, 『대한민국 프레임 전쟁』, 동녘, 2017, 201쪽.

31) 정두언, 『잃어버린 대한민국의 시간』, 21세기북스, 2017, 214쪽.

32) 앞 책, 215쪽.

33) 신석진 외, 『진보정치, 미안하다고 해야 할 때』, 생각비행, 2015, 163쪽.

34) 노무현, 『성공과 좌절』, 학고재, 2009, 186쪽.

35) 「미디어오늘」, 2019. 9. 13.

36) 노무현, 『운명이다』, 돌베개, 2010, 279쪽.

37) 위키피디아 참조

38) 정은령 외, 『팩트체크 저널리즘』, 나남, 2019, 5쪽.

39) 미국의 3대 팩트 체크로는 Washington Post, FactCheck.org, PolitiFact가 있다.

40) 정은령 외, 『팩트체크 저널리즘』, 나남, 2019, 303쪽.

3장 대통령의 불행과 정치 구조

1) 함성득, 『제왕적 대통령의 종언』, 섬앤섬, 2017, 72~76쪽.

2) 허태회, 장우영, '촛불 시위와 한국 정치', 「현대정치연구」 제2권 1호, 2009, 36쪽.

3) 이런 개인적 리더십에 초점을 맞춘 설명은 대통령들의 불행에 대한 원인을 이해하는 데 도움이 되지 않는다. 왜냐하면 대통령의 불행을 초래한 원인이 개인적 리더십의 문제에 있다고 지적하면 우리나라 대통령 모두가 지도자로서 문제가 있었다고 일반화되기 때문이다. 만약 우리나라 대통령들이 모두 다 개인적으로 문제가 있어서 불행한 삶을 되풀이할 수밖에 없었다고 일반화하면 대통령의 불행을 초래하는 우리 사회의 근본적인 원인을 찾을 수가 없게 된다.

4) 함성득, 『제왕적 대통령의 종언』, 섬앤섬, 2017, 48~49쪽.

5) 앞 책, 49쪽.

6) 라종일, 이 책 '서장 유감과 동정' 참조

7) 허태회, 장우영, '촛불 시위와 한국 정치', 「현대정치연구」 제2권 1호, 2009, 48쪽.

8) 최대욱, 『한국형 합의제 민주주의를 말하다』, 책세상, 2014, 96~99쪽.

9) 박성우, 손병권, 『한국형 발전국가의 국가이념과 정치제도』, 인간사랑, 2018, 246쪽.

10) 함성득, 『제왕적 대통령의 종언』, 섬앤섬, 2017, 43~56쪽.

11) 이회창, 『이회창 회고록』, 김영사, 2017, 55쪽.

12) 이병완, 『박정희의 나라, 김대중의 나라 그리고 노무현의 나라』, 나남, 2009, 79쪽.

13) 최태욱, 『한국형 합의제 민주주의를 말하다』, 책세상, 2014, 69~74쪽.

14) 앞 책, 75쪽.

15) 이회창, 『이회창 회고록』, 김영사, 2017, 538쪽.

16) 진영재, 『한국 권력 구조의 이해』, 나남, 2004, 377쪽.

17) 최태욱, 『한국형 합의제 민주주의를 말하다』, 책세상, 2014, 69~77쪽.

18) 진수희, 『제17대 대통령직 인수위원회 백서』에서 재인용. 함성득, 『대통령 당선자의 성공과 실패』, 나남, 2012, 192쪽.

19) 이병완, 『박정희의 나라, 김대중의 나라 그리고 노무현의 나라』, 나남, 2009, 166쪽.

20) 앞 책, 75쪽.

21) 허태회, 장우영, '촛불 시위와 한국 정치', 「현대정치연구」 제2권 1호, 2009, 40쪽.

22) 이병완, 『박정희의 나라, 김대중의 나라 그리고 노무현의 나라』, 나남, 2009, 80쪽.

23) 허태회, 장우영, '촛불 시위와 한국 정치', 「현대정치연구」 제2권 1호, 2009, 45~47쪽.

24) 김대중, 『김대중 자서전 2』, 삼인, 1996, 496쪽.

25) 앞 책, 496쪽.

26) 앞 책 참조

27) 노무현, 『성공과 좌절』, 돌베개, 2019, 224쪽.

28) 김영삼, 『김영삼 회고록』, 백산서당, 2015, 238~239쪽.

29) 김대중, 『김대중 자서전 2』, 삼인, 1996, 534쪽.

30) 앞 책, 533쪽.

31) 김영삼, 『김영삼 회고록』, 백산서당, 2015, 351쪽.

32) 김대중, 『김대중 자서전 2』, 삼인, 1996, 499쪽.

33) 앞 책, 620쪽.

34) 이회창, 『이회창 회고록』, 김영사, 2017, 190쪽.

35) 앞 책, 191쪽.

36) 박성우, 손병권, 『한국형 발전국가의 국가이념과 정치제도』, 인간사랑, 2018, 236쪽.

37) 함성득, 『제왕적 대통령의 종언』, 섬앤섬, 2017, 405쪽

38) 허태회, 장우영, '촛불 시위와 한국 정치', 「현대정치연구」 제2권 1호, 2009, 45~47쪽.

39) 문재인, 『사람이 먼저다』, 퍼플카우, 2012, 56쪽.

40) 안병용, 『문희상 평전』, 더봄, 2020, 342쪽.

41) 노무현, 『운명이다』, 돌베개, 2010, 188쪽.

42) 노무현, 『성공과 좌절』, 돌베개, 2019, 235쪽.

43) 앞 책, 234쪽.

44) 허태회, 장우영, '촛불 시위와 한국 정치', 「현대정치연구」 제2권 1호, 2009, 48~49쪽.

45) 함성득, 『제왕적 대통령의 종언』, 섬앤섬, 2017, 48~49쪽

46) 함성득, 『대통령 당선자의 성공과 실패』, 나남, 2012, 277~279쪽.

47) 앞 책 참조.

48) 미국 의회가 사법부를 소홀하게 대한 적이 있어 이를 만회하기 위한 조치로 대법관의 신분을 종
신직으로 만들었다고 한다. 1800년경 미국의 수도를 필라델피아에서 워싱턴으로 이전할 때 연방
의회는 의사당과 백악관 부지는 확보해놓았지만 연방 대법원 부지를 확보하는 것을 잊어버려서
부랴부랴 의사당 뒤편에 부지를 마련했을 정도로 사법부에 대해서 소홀한 적이 있다고 한다.

49) 안병용, 『문희상 평전』, 더봄, 2020, 365쪽.

50) 이회창, 『이회창 회고록』, 김영사, 2017, 468쪽.

51) 이동수, 『진보도 싫고 보수도 싫은데요』, 한국학술정보, 2020, 25쪽.

52) 최태욱, 『한국형 합의제 민주주의를 말하다』, 책세상, 2014, 321쪽.

53) 앞 책 참조.

4장 대통령의 불행과 리더십 문제

1) 자오커야오, 쉬다오쉰, 『당태종 평전』, 민음사, 2011, 246쪽. "여러 의견을 아울러 들으면' '천하
대치(大治)'를 이루게 되고, "한쪽 말만 들으면' '천하 대란(大亂)'을 부르게 된다. 위징은 당태
종에게 300번 해서는 안 됨을 간하였던 충신으로 그가 사망 후 당태종은 "사람을 거울로 삼으
면 자신의 잘잘못을 알 수 있는 법이오. 위징이 죽었으니 나는 거울을 잃어버린 것이오"라고 자
주 그를 그리워했다고 한다.

2) 김대중, 『김대중 자서전 2』, 삼인, 1996, 538쪽.

3) 정두언, 『잃어버린 대한민국의 시간』, 21세기북스, 2017, 140쪽.

4) 이명박, 『대통령의 시간 2008~2013』, 알에이치코리아, 2015, 301~303쪽, 327~337쪽. 북한은
대통령 취임식에 사절단을 파견할 용의를 전하면서 전제 조건으로 대선 과정에서 북한이 이명
박 후보에 대해 네거티브 공세를 자제함으로써 대통령 당선에 도움을 준 것이니 감사의 문구를
담은 친필 서한을 요구했고, 이에 대해 당선자는 동의할 수 없다는 뜻을 전하면서 불발이 된 경
우다. 이후 2009년 8월 김대중 대통령 서거를 기화로 김기남 북한노동당 비서와 김양건 통일
전전부상의 조문단과 중국 원자바오 총리를 매개로 한 정상회담 제안이 있었지만, 정부의 조건
없는 정상회담 제안과, 대가를 요구한 북한의 입상이 팽팽히 맞서다 파국을 맞이했다. 이후에도
여러 차례 실무 접촉과 중국 정부의 지원이 있었지만 실패했다.

5) 참여연대, '박근혜 정부 경제 민주화, 포기가 아니라 아예 대놓고 역주행', 「정책 자료」, 2015. 12. 22.

6) 문희상, 『대통령, 우리가 알아야 할 대통령의 모든 것』, 경계, 2020, 60~63쪽.

7) 도리스 컨스 굿윈, 『혼돈의 시대 리더의 탄생』, 로크미디어, 2020, 16쪽.

8) news 1, 2020. 8. 23. 진중권, '대통령은 행방불명. 박근혜 때와 뭐가 다르냐.'

9) 동아일보 특별취재팀, 『김대중 정권의 흥망』, 나남, 2005, 28쪽.

10) 임영섭, 「심리적 접근법으로 본 역대 대통령들의 형태 분석」, 경기대 행정사회복지대학원 석사 논문, 2018, 140~141쪽.

11) 문희상, 『대통령, 우리가 알아야 할 대통령의 모든 것』, 경계, 2020, 123쪽.

12) 대통령이 국민과 직접 소통하는 경우는 아주 예외적인 것으로 소통의 방식도 일방적으로 청와 대 출입 기자단과 사전에 짜인 각본에 따라 제한된 시간에 진행되곤 했다.

13) 김영삼, 『김영삼 회고록 하』, 조선일보사, 2001, 293쪽.

14) 김대중, 『김대중 자서전 2』, 삼인, 2011, 458쪽.

15) 연합뉴스, 2012. 7. 25. '이 대통령 친인척 비리 사과'

16) 이런 측면에서 대통령의 메시지에 대한 언론의 왜곡과 편향성이 정치적 불통의 모습을 강화하 는 데 기여한 측면도 있다. 즉 청와대에서 대통령의 메시지가 발표되면 기존 언론은 보수적인 언론과 진보적인 언론의 입장에 따라 같은 메시지에 대하여 정반대의 해석을 통하여 국민들의 정치적 견해와 입장의 차이를 더욱 분명하게 만드는 데 기여한다. 기존 언론과의 관계를 설정 함에 있어 많은 어려움을 겪은 노무현 대통령은 언론과의 대립 이후 대통령 자신과 관련된 내 용이 국민들에게 제대로 전달되지 못했다는 점을 안타까워하며 "참여정부가 무엇을 해왔는가 에 대해 올바르게 전달해야 하는 언론 매체가 참여정부에 대해 국민들에게 전달한 내용을 보고 있으면 우리 국민들이 몽둥이 들고 청와대로 달려오지 않는 것이 다행이다 싶습니다"라며 실 망감을 나타내기도 했다. 물론 이에 대해 언론 입장에서는 참여정부의 언론 정책이 여러 면에 있어서 국민의 알 권리를 침해한다고 보고 집권 정치 세력을 견제하는 언론의 기본적인 입장을 견지했다.

17) 연합뉴스, 2014. 1. 6). '朴대통령 80분 회견, 불통 논란 해소 여부는 '미지수'.

18) 「중앙일보」, 2015. 1. 13. '박 대통령, 불통 논란에 "대면보고가 필요한가요?"'.

19) '제왕적 대통령의 원인과 해결 방안」, 「여야 5개 정당 한국선거학회 공동 학술회의」, 2017. 3. 17.

20) 정두언, 『잃어버린 대한민국의 시간』, 21세기북스, 2017, 13쪽.

21) 윤여준 외, 『문제는 리더다』, 2010, 메디치미디어, 45쪽.

22) 앞 책, 73쪽.

23) 김봉중, 『무엇이 대통령을 만드는가』, 위즈덤하우스, 2012, 64~73쪽.

24) 앞 책, 184~193쪽. 기존의 인디언 동화 정책을 폐기하고, 이들 스스로 전통과 문화를 지켜나가

도록 배려하는 인디언 재조직법(Indian Reorganization Act)이 1934년 제정되고, 각종 뉴딜 정책에서 흑인들도 혜택을 받도록 하여 연간 35만 명의 흑인을 고용했는데 이는 전체 고용자의 15% 해당된다. 또한 뉴딜 교육 프로그램에 따라 100만 명 이상의 문맹 흑인들이 혜택을 보았다. 대공황 상황에서 흑인들에게 관심을 가진다는 것은 정치적으로 이득이 되지 않았다. 오히려 차별주의를 가진 백인 유권자가 더 중요했음에도, 그는 대공황 극복에 흑인들을 포함시키고 정부 관직에도 임명했다.

25) 앞 책, 146, 196쪽.

26) 김대중, 『김대중 자서전 2』, 삼인, 2011, 18~19쪽.

27) '네이버 지식백과' 어니스트 섀클턴 – 위대한 남극 탐험가 참조. 영하 30도의 혹한 속에서 바다 표범을 잡아먹으며 지옥과 같은 생활 속에서도 대원 중에는 행복하다고 일기에 쓴 사람이 있을 정도였다고 한다.

28) 데니스 퍼킨스, 『어니스트 섀클턴 극한 상황 리더십』, 뜨인돌, 2017, 36~37쪽.

29) 앞 책, 149~150쪽.

30) 캐롤라인 알렉산더, 『인듀어런스』, 뜨인돌, 2003, 53쪽.

31) 데니스 퍼킨스, 『어니스트 섀클턴 극한 상황 리더십』, 뜨인돌, 2017, 122~123쪽.

32) 캐롤라인 알렉산더, 『인듀어런스』, 뜨인돌, 2003, 47~50쪽.

33) 데니스 퍼킨스, 『어니스트 섀클턴 극한 상황 리더십』, 뜨인돌, 2017, 8~9쪽.

34) 앞 책, 44~47쪽.

35) https://en.wikipedia.org/wiki/Vilhjalmur_Stefansson, 2020. 8. 9.

36) https://www.slideserve.com/reece-davis/6125746, 2020. 9. 12.

37) https://proteomicstechnology.tistory.com/31, 2020. 8. 3.

38) https://m.blog.naver.com/PostView.nhn?blogId=fmdtr&logNo=20135669444&proxyReferer=https:%2F%2Fwww.google.com%2F, 2020. 8. 27.

39) https://marketwizard.tistory.com/66, 2020. 8. 27.

40) 김유향, '소셜미디어와 인터넷 공간에서의 정치적 소통', 「평화와 연구 19(2)」, 2011, 199~222쪽.

41) 허영, '제왕적 대통령의 실패, 한번이면 족하다', 「동아일보」, 2017. 10. 24.

42) 정두언, 『잃어버린 대한민국의 시간』, 21세기북스, 2017, 73, 342쪽.

43) http://blog.daum.net/crbrg/1151, 2020. 8. 25.

44) 신재민, 『왜 정권이 바뀌어도 세상은 바뀌지 않는가』, 유씨북스, 2020, 208~209쪽.

45) 함성득, 『제왕적 대통령의 종언』, 섬앤섬, 2017, 295~298쪽.

46) 정두언, 『잃어버린 대한민국의 시간』, 21세기북스, 2017, 73, 144쪽.

47) 동아일보 특별취재팀, 『김대중 정권의 흥망』, 나남, 2005, 85쪽.

48) 앞 책, 86~87쪽.

49) 앞 책, 88쪽.

50) 김대중, 『김대중 자서전 2』, 삼인, 2011, 537쪽.

51) 문희상, 『대통령, 우리가 알아야할 대통령의 모든 것』, 경계, 2017, 74쪽.

52) 김동인, 'DB 대신 수첩 택한 박근혜 정부', 「시사IN」, 2014. 6. 19.

53) 곽재훈, '박근혜, 김용준 낙마에 불만… 가족까지 검증', 「프레시안」, 2013. 1. 31.

54) 이재진 '2006년 노무현 대통령과 2019년 문재인 대통령 발언 '평행이론'', 「미디어오늘」, 2019. 9. 9.

55) 김영삼, 『김영삼 회고록 상』, 조선일보사, 2001, 379쪽.

56) 김대중, 『김대중 자서전 2』, 삼인, 2011, 393쪽.

57) 앞 책, 538쪽.

58) 권대경, '노 대통령, 다음 정부서 정책 흐지부지 될까 걱정', 「뉴시스」, 2007. 5. 8.

59) 윤여준 외, 『문제는 리더다』, 2010, 메디치미디어, 94~96쪽.

60) 앞 책, 128~129쪽.

61) 노무현, 『성공과 좌절』, 학고재, 2009, 17, 28~29쪽.

62) 조영탁, '리더십에 관한 100대 명언', 2020. 8. 27. 휴넷명언집 참조

63) 김이은, 『호치민』, 자음과모음, 2005, 12~14쪽. 호찌민은 평생 남루한 차림에 거친 음식으로 소박히 살았고, 주석궁을 그대로 둔 채, 정원사가 거주하는 검소한 곳에서 생활한 그는 '혁명 지도자'보다 온 국민이 친근하게 대할 수 있는 '호 아저씨'로 남고 싶어했다.

64) 마렁, 리밍, 『원자바오』, W미디어, 2007, 73쪽. "나는 나 자신이 인재라고 생각한다. 하지만 나와 같은 생각을 가진 사람은 수천만 명에 달한다. 만약 쑨따꽝 지질광산부장관이 나를 전근시키고 상부에 추천해주지 않았다면 중앙으로 올 수 없었을 것이며, 지금쯤 아마도 산을 헤매고 다닐 것이다"라고 회고했다.

65) https://brunch.co.kr/@foohaha1/18. 2020. 8. 22.

참고 문헌

서장 유감과 동정

강준식, 『대통령 이야기』, 예스위캔, 2011.

김영삼, 『김영삼 대통령 회고록 하』, 조선일보사, 2001.

김성보, 『북한의 역사 1』, 역사비평사, 2014.

김지은, 『김지은입니다』, 봄알람, 2020.

노무현, 『성공과 좌절』, 학고재, 2009.

라종일, 『세계의 발견』, 경희대학교 출판문화원, 2010.

라종일, 『장성택의 길』, 알마, 2018.

문희상, 『대통령, 우리가 알아야 할 모든 것』, 경계.

박주선, 『正義, 박주선의 도전과 용기』, 동행, 2012.

슈테판 츠바이크, 『나쁜 정치가 어떻게 세상을 망치는가』, 바오 출판사, 2004.

신재민, 『왜 정권이 바뀌어도 세상은 바뀌지 않는가』, 유씨북스, 2020.

유시민, 『나의 한국현대사』, 돌베개, 2014.

윤여준, 『대통령의 자격』, 메디치미디어, 2011.

윤여준 외, 『문제는 리더다』, 메디치미디어, 2010.

이종률, 『대권의 주변 상』, 내일, 1991.

이진, 『참여정부, 절반의 비망록』, 개마고원, 2005.

정두언, 『잃어버린 대한민국의 시간』, 21세기북스, 2017.

1장 대통령을 기다리는 외교 함정

김영삼, 『김영삼 대통령 회고록 상, 하』, 조선일보사, 2001.

김대중, 『김대중 자서전 1, 2』, 삼인, 2010.

노무현, 『성공과 좌절』, 학고재, 2009.

노무현, 『운명이다』, 돌베개, 2010.

노태우, 『노태우 회고록 하 - 전환기의 대전략』, 조선뉴스프레스, 2011.

이명박, 『대통령의 시간 2008~2013』, 알에이치코리아, 2015.

임동원, 『피스 메이커』, 중앙북스, 2008.

조병제, 『북한, 생존의 길을 찾아서 - 1차 핵위기의 본질』, 늘품플러스, 2019.

라종일, 『세계와 한국전쟁』, 대한민국역사박물관, 2019.

2장 불행한 대통령과 언론

권순욱, 『누가 노무현을 죽였나』, 혜윰, 2019.

김대중, 『김대중 자서전 1』, 삼인, 1996.

김대중, 『김대중 자서전 2』, 삼인, 1996.

김영삼, 『김영삼 대통령 회고록 상』, 조선일보사, 2001.

한비자, 『한비자』, 휴머니스트, 2019.

남재희, 『진보열전』, 메디치미디어, 2016.

노무현, 『성공과 좌절』, 학고재, 2009.

미디어오늘, 『대한민국 프레임 전쟁』, 동녘, 2017.

박승관, 장경섭, 『언론권력과 의제동학』, 커뮤니케이션북스, 2001.

박재영 외, 『한국 언론의 품격』, 나남, 2013.

신석진 외, 『진보정치, 미안하다고 해야 할 때』, 생각비행, 2015.

이영작, 『이영작이 본 대한민국 정치』, 기파랑, 2018.

정두언, 『잃어버린 대한민국의 시간』, 21세기북스, 2017.

정은령 외, 『팩트체크 저널리즘』, 나남, 2019.

한비자, 『한비자』, 휴머니스트, 2019.

「동아일보」, 1997. 5. 1.

「조선일보」, 1997. 4. 12.

「한겨레」, 1999. 5. 24.

「한겨레」, 2000. 8. 23.

「한겨레」, 2020. 7. 19.

3장 대통령의 불행과 정치 구조

김대중, 『김대중 자서전 1, 2』, 삼인, 1996.

김대중, 『김대중 자서전 1, 2』, 삼인, 2010.

김영삼, 『김영삼 대통령 회고록 상, 하』, 조선일보사, 2001.

김영삼, 『김영삼 회고록 1, 2, 3』, 백산서당, 2015.

김정일, 『김정일 선집 16 (1991.12-1992.4)』, 조선로동당출판사, 2012.

김종인, 『영원한 권력은 없다』, 시공사, 2020.

노태우, 『노태우 회고록 하』, 조선뉴스프레스, 2011.

노무현, 『운명이다』, 돌베개, 2010.

노무현, 『성공과 좌절』, 학고재, 2015.

노무현, 『성공과 좌절』, 돌베개, 2019.

라종일, 『세계와 한국전쟁』, 대한민국역사박물관, 2019.

문재인, 『사람이 먼저다』, 퍼플카우, 2012.

문희상, 『대통령, 우리가 알아야 할 모든 것』, 경계, 2017.

박성우, 손병권, 『한국형 발전국가의 국가이념과 정치제도』, 인간사랑, 2018.

신석진 외, 『진보정치, 미안하다고 해야 할 때』, 생각비행, 2015.

신재민, 『왜 장관이 바뀌어도 세상은 바뀌지 않는가?』, 유씨북스, 2020.

안병용, 『문희상 평전』, 더봄, 2020.

윤여준, 『대통령의 자격』, 메디치미디어, 2011.

윤여준 외, 『문제는 리더다』, 메디치미디어, 2010.

유시민, 『나의 한국 현대사』, 돌베개, 2014.

이동수, 『진보도 싫고 보수도 싫은데요』, 한국학술정보, 2020.

이명박, 『대통령의 시간 2008~2013』, 알에이치코리아, 2015.

이병완, 『박정희의 나라, 김대중의 나라 그리고 노무현의 나라』, 나남, 2009.

이회창, 『이회창 회고록』, 김영사, 2017.

전주혜 외, 『대한민국 선진화의 길』, 한반도선진화재단, 2020.

정두언, 『최고의 정당 최악의 정당』, 지식더미, 2006.

정두언, 『잃어버린 대한민국의 시간』, 21세기북스, 2017.

진영재, 『한국 권력 구조의 이해』, 나남, 2004.

최태욱, 『한국형 합의제 민주주의를 말하다』, 책세상, 2014.

함성득, 『대통령 당선자의 성공과 실패』, 나남, 2012.

함성득, 『제왕적 대통령의 종언』, 섬앤섬, 2017.

함성득, 『대통령학』, 나남, 1999.

허태회, 장우영, 「현대정치연구 2권 1호」, 2009.

4장 대통령의 불행과 리더십 문제

김대중, 『김대중 자서전』, 삼인, 2019.

김봉중, 『무엇이 대통령을 만드는가』, 위즈덤하우스, 2012.

김이은, 『호치민』, 자음과 모음, 2005.

김영삼, 『대통령 회고록』, 조선일보사, 2001.

김종인, 『영원한 권력은 없다』, 시공사, 2020.

노무현, 『성공과 좌절』, 학고재, 2015.

데니스 퍼킨스, 『어니스트 섀클턴 - 극한 상황 리더십』, 뜨인돌, 2017.

도리스 컨스 굿윈, 『혼돈의 시대 리더의 탄생』, 로크미디어, 2020.

동아일보 특별취재팀, 『김대중 정권의 흥망』, 나남, 2005.

마링, 리밍, 『원자바오』, W미디어, 2007.

마이클 돕스, 『1991』, 모던아카이브, 2020 .

문희상, 『대통령, 우리가 알아야 할 모든 것』, 경계, 2017.

샬런 네메스, 『반대의 놀라운 힘』, 청림, 2020.

신재민, 『왜 장관이 바뀌어도 세상은 바뀌지 않는가?』, 유씨북스, 2020.

윤여준, 『대통령의 자격』, 메디치미디어, 2011.

윤여준 외, 『문제는 리더다』, 메디치미디어, 2010.

이명박, 『대통령의 시간 2008~2013』, 알에이치코리아, 2015.

이병완, 『박정희의 나라 김대중의 나라 그리고 노무현의 나라』, 나남, 2009.

자오커야오, 쉬다오쉰, 『당태종 평전』, 민음사, 2011.

정두언, 『최고의 정당 최악의 정당』, 지식더미, 2006.

정두언, 『잃어버린 대한민국의 시간』, 21세기북스, 2017.

한국의 불행한 대통령들

케롤라인 알렉산더, 『인듀어런스』, 뜨인돌, 2002.

함성득, 『대통령 당선자의 성공과 실패』, 나남, 2012.

함성득, 『제왕적 대통령의 종언』, 섬앤섬, 2017.

함성득, 『대통령학』, 나남, 1999.

「평화와 연구 19(2)」, 2011. 10.

임영섭, 「심리적 접근법으로 본 역대 대통령들의 형태 분석」, 경기대 행정사회복지대학원, 석사 논문,
2018.

참여연대, 정책 자료, 2015. 12. 22.

허훈, 「통일 관련 남남갈등 문제점과 해결 방안」, 동아대 국제전문대학원, 박사 논문, 2017.

「미디어오늘」, 2010. 9. 9.

「연합뉴스」, 2012. 7. 25. 2014. 1. 6.

「주간 동아」, 2017. 10. 24.

「중앙일보」, 2015. 1. 13.

「뉴시스」, 2007. 5. 8.

「시사저널」, 2020. 9. 12.

「시사IN」, 2014. 6. 19.

「news1」, 2020. 8. 23.

SBS 토론 시시비비, 2007. 6. 02.

https://proteomicstechnology.tistory.com/31, 2020. 8. 3.

https://en.wikipedia.org/wiki/Vilhjalmur_Stefansson, 2020. 8. 9.

https://marketwizard.tistory.com/66, 2020. 8. 27.

https://m.blog.naver.com/PostView.nhn?blogId=fmdtr&logNo=20135669444&proxyReferer
=https:%2F%2Fwww.google.com%2F, 2020. 8. 27.

https://blog.daum.net/crbrg/1151, 2020. 8. 25.

https://www.slideserve.com/reece-davis/6125746, 2020. 9. 12.